Franz Bopp

Ardschunas Reise zu Indras Himmel

nebst anderen Episoden des Maha-Bharata

Franz Bopp

Ardschunas Reise zu Indras Himmel
nebst anderen Episoden des Maha-Bharata

ISBN/EAN: 9783744676526

Hergestellt in Europa, USA, Kanada, Australien, Japan

Cover: Foto ©ninafisch / pixelio.de

Weitere Bücher finden Sie auf **www.hansebooks.com**

इन्द्रलोकागमनं

ARDSCHUNA'S
Reise zu Indra's Himmel

nebst anderen Episoden

des

MAHA-BHARATA.

metrisch übersetzt und mit kritischen Anmerkungen versehen

von

Franz Bopp.

Zweite durchgesehene Ausgabe.

Berlin
Nicolaische Verlagsbuchhandlung.
(A. Effert & L. Lindtner.)
1868.

Ardschuna's Reise zu Indra's Himmel.

Erster Gesang.

Als gegangen die Welthüter, wünscht' Ardschunas, der Feinde Schreck,
Dafs der Wagen ihm nahen möge, Indra's des Herrn der Himmlischen.
Und mit Matalis kam plötzlich im Lichtglanze der Wagen an,
Finsternifs aus der Luft scheuchend, und erleuchtend die Wolken all,
Die Weltgegenden anfüllend mit Getöse, dem Donner gleich. 5
Der falben Rosse zehn tausend zogen mit Windesschnelle ihn.
Himmlisch Zaubergebild war es, ein augenraubendes fürwahr. 7
Darauf sah man die glanzvolle Standarte Waidschajanta stehn,
Blauem Lotos an Farb' ähnlich, ein blaues Rohr mit Gold geziert.
Auf diesem Wagen sah Ardschun den Rofslenker in goldnem Schmuck,
Und es dachte der Machtvolle, im Geiste, jenes Gottes nun.
Als im Sinnen vertieft also der Fürst dorten, sprach Matalis,
Der in Ehrfurcht gebeugt da stand, diese Rede zu Phalgunas: 10
Wohlan Sohn Indra's, Glücksel'ger! der Götter Fürst wünscht dich zu sehn,
Ungesäumet darum steige auf Indra's hehren Wagen nun;
Der Unsterblichen Fürst wünscht es, dein Erzeuger Satakratus.
„Die Götter sollen sehn, sprach er, den Sohn Kunti's hieher gelangt."
Dieser Gottfürst, der umgeben von den Göttern und Heiligen,
Apsarasen und Gandharwen, sieht mit Sehnsucht entgegen dir.
Zur Götterwelt empor steige mit mir auf Indra's Machtgebot,
In der Waffen Besitz kehrst du zu der Erde sodann zurück.

Ardschunas:

Gehe, Matalis, erst steige auf den hehrsten der Wagen du,
Durch Hunderte der Pferdopfer und königlicher Opfer auch
Den hochseligen Erdherrschern, vielspendenden beim Opferfest,
Selbst den Dewata's kaum nahbar, und den Danawa's eben so.
Wer durch Bufse nicht fand Läutrung, kann den himmlischen Wagen nicht
Ansehen oder anrühren, ihn besteigen viel weniger.
Dem Wagensitz zuerst nahe, wackrer Bänd'ger der Rosse du!
Dann werde ich hinaufsteigen, wie Heil'ge zu der Guten Pfad.

Als Matalis dies Wort hörte, Indra's Lenker der Rosse dort,
Stieg auf den Wagen er schleunigst, hielt mit Zügeln die Rosse an.
Der edle Kunti-Sohn, freudig, der gebadet in Ganga's Flut,
Betete das Gebet jetzo, das sich ziemte nach heil'gem Brauch,
Und erfreute die Vorfahren hierauf, alles der Schrift gemäfs.
Abschied nahm er sodann schleunigst von Mandaras, dem Bergesfürst:
„Den Frommen, die das Recht üben, den Einsiedlern, die Gutes thun,
„Die den Himmel zu sehn streben, dienst du, o Berg, als Zuflucht stets.
„Durch deine Huld, o Berg, wandeln Priester, Krieger und Wisas auch,
„Zu dem Himmel gelangt, immer mit den Göttern, von Noth befreit.
„O Fürst der Höhen, Bergkönig, du Zuflucht frommer Büfsenden!
„Ich gehe, dich zuvor grüfsend, vergnügt hab' ich auf dir gewohnt.
„Deine Gebüsche, Hocheb'nen, deine Flüsse und Bäche auch,
„Deine heiligen Badplätze hab' ich gesehn in Menge hier.
„Die anmuthigen Bergwasser, deinem Rücken entquollen rein,
„Die wie der Götter Trank lieblich, hab' ich geschlürft, die fliefsenden.
„So wie ein Kind vergnügt weilet auf Vaters Schoofs, o Heiliger,
„Hab' ich auf deinem Haupt Freude genossen, edler Bergesfürst!
„Das von Nymphen besucht, tönet vom Gebete der Priesterschaar.
„Sehr entzücket, o Berg, hab' ich auf deinen Höhen stets gewohnt."
Ardschunas sprach, der Feindtödter, Abschied nehmend, zum Berge so,

Auf den Wagen sodann stieg er, glänzend so wie des Tages Herr.
Mit dem Zaubergebild fuhr er, dem Sonn'-ähnlichen Wagen nun,
Dem himmlischen, empor freudig, der weise Sprofs aus Kuru's Stamm.
Als er nun dem Bezirk nahte, der unsichtbar den Sterblichen,
Erdewandelnden, sah Wagen, wunderschön' er zu Tausenden.
Dort scheinet Sonne nicht, Mond nicht, dorten glänzet das Feuer nicht,
Sondern in eignem Glanz leuchtet allda, durch edler Thaten Kraft,
Was in Sternengestalt unten auf der Erde gesehen wird,
Ob grofser Ferne gleich Lampen, obwohl es grofse Körper sind.
Diese schaute daselbst leuchtend und voll Schönheit des Pandus Sohn,
An seinem eignen Ort jeden, und auch glänzend mit eignem Glanz.
Allda waren vereint Siddha's, kampferschlagene Helden auch,
Fürstliche Weisen und Büfser waren daselbst zu Hunderten;
Tausende auch von Gandharwen, welche der Sonne gleich an Glanz,
Der Guhjaka's und Hochweisen, der Apsarasen Schaaren auch,
Sämmtlich mit eignem Glanz leuchtend; sie sehend staunte Ardschunas,
Den Matalis entzückt fragt' er; dieser gab ihm zur Antwort drauf:
„Vollbringer edler That sind es, welche da stehn an ihrem Ort,
„Die in Sternengestalt, Edler, du gesehn von der Erde hast."
Den Airawatas, vierzähnig, dem gipflichten Kailasas gleich,
Sah er dann an der Thür stehen, den hehren Sieges-Elephant.
Der Siddha-Strafs' genaht war er, der Edelste der Pandawa's,
Und freute sich so wie vormals Mandhatri, jener grofse Fürst.
Den Königswelten nun nahte Lotos-ähnlich von Augen er.
Also im Himmelsraum wandernd, sah Ardschunas von grofsem Ruhm
Des Götterfürsten Stadt endlich, die Amarawati genannt.

Zweiter Gesang.

Jene reizende Stadt sah er von Siddha's, Tscharana's bewohnt,
Mit Blumen aller Art prangend und mit Bäumen gezieret schön.
Ein sanftes Wehn umfing Ardschun von Winden mannichfach daselbst,
Die ihm lieblichen Duft brachten der wohlriechendsten Blumen all.
Und Nandanam den Wald sah er, von schönen Nymphen angefüllt,
Und mit Blumen geziert himmlisch, die mit Bäumen vergleichbar selbst.
Wer nicht Bufse geübt strenge, nicht dem Feuer gehuldigt fromm,
Und wer dem Kampf entfloh'n feige, schaut jene Welt der Guten nicht.
Wer dem Opfer, der Entsagung, und den Weda's ein Fremdling blieb,
Und den heiligen Badplätzen, Opfergabe gespendet nicht,
Wer die Opfer zerstört ruchlos, kann jenem Raume niemals nahn;
Blutschänder nicht, und Trinksücht'ge, und Fleischesser, die schändlichen.
Jenen himmlischen Wald sehend, der von himmlischem Sang erklang,
Trat er nun ein, der Machtvolle, in des Indras geliebte Stadt.
Der Götter Wagen sah Ardschun Tausende, welche gehn nach Wunsch,
Sowohl stehend als auch gehend, in unbegränzter Zahl allda.
Gepriesen von den Gandharwen, und von der Apsarasen Schaar,
Von sanftem Wind umweht ferner, der ihm Blumengerüche bot.
Die Götter nebst den Gandharwen, die Siddha's und die Heiligen,
Ehrten erfreut den Sohn Kunti's, unermüdlich in Thatkraft ihn.
Mit Heilsprüchen begrüfst also, und Himmelsinstrumentenklang,
Nahete nun der Machtvolle, unter Muschel-und Trommel-Schall,
Der grofsen Sternen-Heerstrafse, Surawithi wird sie genannt.
Auf Indra's Machtgebot ward er von allen Seiten her begrüfst.
Dort waren Sadhja's und Wiswa's, die Winde und die Aswina's,

Die Sonnen, Wasu's und Rudra's, fleckenlose Brahmarschi's so,
Und von Radscharschi's auch viele, Fürsten, Dilip und andere,
Tumburus, Naradas ferner, die Tongeister Haha, Huhu;
Diesen nahte gesammt dorten, nach Sitte, jener Kuru-Sprofs.
Hierauf naht' er dem Machtvollen, Indra'n dem Feindebändiger.
Von dem Wagen sogleich stieg er, dem herrlichen, der Kunti Sohn,
Sah den Erzeuger dann vor sich, den Gottfürsten Satakratus,
Mit einem gelben Sonnschirme, defs Stab von Gold und voller Pracht,
Athmend himmlischen Duft, welchen ein Fächer zu ihm wehete,
Gerühmet von den Gandharwen, Wiswawasu's und anderen,
Und von des Priesterstamms Ersten, durch Rig-Jadschus- und Sama-Lob.
Aber ihm nahte jetzt Ardschun, der Starke, mit gesenktem Haupt.
Mit den Armen umfing diesen der Gott, starken, gewölbeten,
Fafste ihn bei der Hand freundlich, setzte ihn zu sich auf den Thron,
Den hehren Sakra-Thron dorten, welchem Dewarschi's huldigen;
Und auf das Haupt hierauf küfst' ihn der Gottfürst, der den Feind erschlägt,
Drückte an seine Brust zärtlich ihn, der in Demuth war gebeugt,
Nun erhoben zum Thron Indra's, des Gotts mit tausend Augen dort.
Allda safs er, der Grofsgeist'ge, so wie ein zweiter Wasawas,
Während mit Liebe sein Antlitz, das glänzende, des Writras Feind
Mit einer Hand berührt, schmeichelnd, die Wohlgeruch verbreitete.
Langsam streichelte ihm Indras die langen Arme voller Glanz,
Die zum Himmel den Pfeil senden, die zwei goldenen Säulen gleich.
Mit jener Hand, ihn liebkosend, welche schwinget den Donnerkeil,
Der verliehen ihr Merkmale, drückt' er mehrmals die Arme ihm,
Freundlich lächelnd ihn anblickend, den Sohn Kunti's, der ihm genaht:
Vor Lust die Augen weit öffnend, konnt' er niemals sich sättigen.
Beide auf einem Thron sitzend überstrahleten den Pallast,
Als leuchteten vereint Sonne und Vollmond durch den Himmelsraum.
Lieder stimmeten an dorten, mit entzückendem Lobgesang,
Gandharwen, im Gesang trefflich, die von Tumburus angeführt.
Ghritatschi, Menaka, Rambha, Purwatschitti, Swajamprabha,

Urwasi, Misrakesi auch, Kumbhajoni, Pradschagara,
Tschitrasena, Tschitralekha, und Saha auch mit süfsem Laut,
Diese und andre noch tanzten, Nymphen mit holdem Lächeln dort,
Welche der Siddha's Herz fesseln, Lotos-ähnlich von Augen all,
Mit starken Hüften, voll Liebreiz, und mit schwellenden Brüsten auch,
Durch verstohlenen Blick, Tändeln fesselnd Sinn und Verstand und Herz.

Dritter Gesang.

Aber Götter und Gandharwen brachten die Ehrenspende nun,
Auf des Indras Befehl horchend huldigten all dem Pandawas.
Mit Fuſswaschung und Mundwaschung bedienten sie den Fürstensohn,
In den Pallast ihn einführend des Zerstörers der Städte dann.
Dorten wohnte geehrt also im Pallaste des Vaters er,
Lernte die Waffen all kennen, die himmlischen Geschosse all;
Den Blitzesstrahl, der schwer nahbar, gab ihm Indras, den theueren,
Donnerkeile von Laut furchtbar, von Wolken, Pfau'n verkündete.
In der Waffen Besitz dachte Ardschunas seiner Brüder nun.
Doch auf Indra's Befehl wohnt' er fünf der Jahre vergnügt allda.
Dann sprach Indras zum Sohn Kunti's, dessen Wünsche nun all erfüllt:
„Tanz und Gesang, o Sproſs Pandu's, lerne von Tschitrasenas nun,
„Harmonien, bekannt Göttern, aber den Menschen unbekannt;
„Hierauf denke, o Kauntejas, zum Heil wird es dir frommen einst.“
Tschitrasena'n als Freund gab ihm sodann der Stadtzerstörende.
In desselben Verein freute sich Ardschun aller Noth befreit,
Gesang und Spiel und Tanz lernte vom Gandharwen der Kunti Sohn.
Dennoch empfand er nicht Ruhe, eilend wegen des Spieles Zwist,
Auf Duhsasana's Tod sinnend, und Sakuni's, des Saubalas.

Unvergleichliche Lust findend an allen Orten immerdar,
Lernt' er die Harmonie kennen der Gandharwen, die himmlische.
Er lernte dort der Tanzarten gar viele, die Harmonien, Melodien sämmtlich,
Und dennoch fand der Feindtödter nicht Ruhe, der Brüder denkend
und der Mutter Kunti.

Vierter Gesang.

Anfänglich sprach der Gott Indras heimlich zu Tschitrasenas dort,
Als er gesehn den Blick haften, des Ardschunas, auf Urwasi:
„Fürst der Gandharwen! geh' schleunigst zu jener Apsarasen-Zier,
„Urwasi, dafs sie nahn möge dem Männer-Löwen Phalgunas,
„Dafs er geehret sei, kundig aller Waffen, auf mein Gebot,
„Dafür mögest du mir sorgen, der du den Sinn der Frauen kennst.“
Indras befahl's; „ich thu's“ sagte der König der Gandharwen drauf,
Zu jener Apsaras eilt' er sogleich, zur schönen Urwasi.
Nahte ihr nach Gebühr, freudig, ward mit Willkomm von ihr beehrt,
Sprach lächelnd dann, vergnügt sitzend, zu ihr, die da vergnüget safs:
„Dir sei es kund, o Schönhüft'ge, gesendet bin ich dir genaht,
„Vom Beherrscher des Drei-Himmels, der deiner Huld sich freuet stets.
„Ihn, der Göttern, so wie Menschen, bekannt durch angeborne Zier,
„Anmuth, Geschicklichkeit, Schönheit, durch Frömmigkeit und Selbstgewalt,
„Durch Heldenkraft bekannt rühmlich, und geachtet, Verständige!
„Glänzend in seiner Macht Hoheit, duldsam, von Selbstsucht ganz befreit,
„Der nebst Anga's und Upanga's, heil'ger Sage, die Weda's liest,
„Gehorsam zollt den Vorstehern und von umfassendem Verstand,
„Der durch Keuschheit, Geburtsadel, durch Gewandheit und Jugendkraft
„Ein würdiger Alleinherrscher, wie Indras Herr des Himmels ist,
„Ehrerweisend, und nicht prahlend, freigebig, lieblich redend auch,
„Der die Freunde beschenkt reichlich mit Speis' und Trank von jeder Art,
„Wahrheit sprechend, beredt, ehrbar, schön von Gestalt, bescheid'nen Sinns,
„Gunst erwiedernd, ersehnt, lieblich, dem gegeb'nen Versprechen treu,
„Indra'n und Waruna'n ähnlich an erhabenen Tugenden,

„Ardschun kennst du, den Muthvollen; dieser koste des Himmels Frucht.
„Zu deinen Füfsen soll heute sich neigen er auf Indra's Wort;
„Willfahre du, o Hochedle! Ardschunas ist dir zugethan."
So angeredet sprach lächelnd, diese Auszeichnung würdigend,
Die Apsaras zum Gandharwen, freudig, die Nieverschmähete:
„Da ich gehört die Aufzählung der vereinigten Tugenden
„Des Ardschunas durch dich, kann ich einen anderen ausersehn?
„Sowohl durch Indra's Aufforderung als durch deine Bemühung auch,
„Und durch Ardschun's Verdienst-Fülle bin ich von Sehnsucht ganz entflammt.
„Gehe wie dir's gefällt also, gerne geh' ich zu jenem hin."

Fünfter Gesang.

Als entlassen der Gandharwe, dessen Auftrag erfüllet war,
Badete sich die Reizvolle, Ardschun's Herz zu gewinnen froh;
Herrlichen Schmuck sich anlegend, Blumenkränze voll Wohlgeruch,
Denn Ardschuna's Gestalt hatte mit Pfeilen, welche Liebe sandt',
Ihr durchbohret das Herz gänzlich, Anangas lenkte ihren Sinn.
Als am Himmel der Mond glänzte, frische Kühlung der Abend bot,
Liefs ihr Gemach die Starkhüft'ge, ging zu Ardschun's Pallaste hin. 5
Ihr langes Haar, bekränzt reichlich mit Blumen, und gelocket schön,
Wogt' auf den Schultern, so ging sie tändelnd dahin, die Strahlende.
Durch des leuchtenden Blicks Anmuth, durch Glanz und holde Lieblichkeit
Herausfordernd den Mond gleichsam zum Kampf mit des Gesichtes Mond.
Ihre Brüste, wie zwei Blumen frisch entfaltet, in vollem Reiz,
Bewegten sich im Gang schwellend, Knospen tragend vom schönsten Roth.
Bei jedem Schritt gebeugt war sie, ob des schwellenden Busens Last.
Ein Gürtel, bunter Pracht, zierte ihre Mitte gar wonniglich.
Ihre Hüften, wie zwei Hügel strotzten in runder Fülle sie,
Ananga's weifser Sitz gleichsam, mit leichter Hülle schön geziert; 10
Jenen himmlischen Hochweisen zur Herzensqual gebildet selbst.
Ein licht Gewand verbarg minder als es zeigte den schönsten Reiz.
In einem Augenblick kam sie, schnell wie Gedanke, schnell wie Wind,
Zum Pallaste des Sohns Pandu's, ein heitres Lächeln zierte sie. 15
Angelanget am Thor dorten, ward vom Pförtner gemeldet gleich
Ardschuna'n jene Reizvolle, die die Zierde des Himmels war.
So trat sie ein in defs Wohnung, die entzückende, prächtige.
Jener, zweifelnden Sinns aber, zur Nachtzeit, ging entgegen ihr,

Und die Apsaras wahrnehmend, ward sein Gesicht mit Schaam bedeckt,
Und ehrerbietig sich beugend, sprach er zu ihr die Worte dann:
„Ich grüfse dich, das Haupt beugend, der schönen Nymphen Schönste du!
„Sage was du befiehlst, Göttin? dein Knecht steh' ich genahet hier!“
Aber Ardschuna's Wort hörend, that nun Urwasi gänzlich kund
Jenes Gandharwen-Fürsten Botschaft, mit bethörетem Geiste sie:
„Was Tschitrasenas mir sagte, Trefflichster aller Menschen du,
„Will ich dir künden, ausführlich, und warum ich genahet bin.
„In Gegenwart des Gottfürsten ward gefeiert ein glänzend Fest,
„Deine Ankunft, o Sohn Pandu's, im Himmel zu verherrlichen,
„Vor den Rudra's gesammt nämlich, vor den Aditja's ganz und gar,
„Und in der Aswina's Beisein, und Wasu's, aller Männer Zier!
„Und vor der Schaar der Altväter und königlicher Weisen Schaar,
„Vor den Siddha's und Tscharana's, Jakscha's und grofsen Schlangen all.
„Alle safsen sie da nämlich, jeder nach angebornem Rang.
„Flammen loderten, Heil spendend, in den Wegen gesammt allda,
„Und die Lauten der Tongeister ertöneten mit süfsem Klang.
„Ein himmlischer Gesang füllte, Grofsäugiger, den Raum mit Lust.
„Von Apsarasen auch waren die allerschönsten all daselbst;
„Du aber schautest nur einzig auf mich mit unverwandtem Blick.
„Als geendigt das Fest aber der Bewohner des Himmels dort,
„Von deinem Vater entlassen kehrten alle nach Haus zurück;
„Die Apsarasen auch sämmtlich, entlassen gingen sie nach Haus,
„Und wer sonsten noch, Feindtödter, daselbst, wurde entlassen jetzt.
„Tschitrasena'n jedoch schickte Indras zu meiner Wohnung hin;
„Er kam, Lotos-geäugeter! diese Worte sprach er zu mir:
„Deinetwegen geschickt komm' ich, vom Gottfürsten, Vortreffliche!
„Thu' eine Liebe ihm, Schöne, und mir zugleich, dir selber auch! —
„Ihm der Indra'n im Kampf gleichet, der mit Edelsinn angethan,
„Ardschun huldige, Schönhüft'ge! — Also sagt' er verkündend mir.
„Darum komm' ich, beauftraget, o Sündreiner, vom Vater dein,
„In deine Nähe, Feindbänd'ger, um zu gehorchen dem Befehl.

„Herzbezwungen durch dein Ansehn, von Ananga's Gewalt umstrickt,
„Hab' ich schon längst gewünscht, Edler, diese Herzensbefriedigung."
Von Urwasi dies Wort hörend war Ardschunas mit Schaam bedeckt,
Beide Ohren sich zuhaltend mit den Händen, sprach er zu ihr:
„Schmerz erreget mir, Reizvolle, deine Rede, Vortreffliche!
„Ehrwürd'gen Lehrers Frau acht' ich dich gleich, mit schönem Antlitz du!
„So wie Kunti, die Glücksel'ge, und Indra's Gattinn Satschi mir,
„So bist du mir, o Hochedle, achtbar, hier ist zu zweifeln nicht.
„Dafs ich, Schöne, dich anblickte, mehr als andere offenbar,
„Davon höre den Grund jetzo, nach Wahrheit, Lieblichlächelnde:
„Des Puru-Stammes Ahnmutter ist erfreuet, so dachte ich,
„Nachdem ich dich erkannt hatte, und sah dich an mit starrem Blick.
„Anders mufst du nichts argwöhnen, o vortreffliche Apsaras!
„Ehrbarer mir als selbst Guru's, meines Stammes Vermehrerin!"

Urwasi:

Alle ja sind wir Hochsel'ge, o Sohn des Götterköniges!
Nicht mufst du mich, o Held! ansehn als Verwandt' oder Lehrersfrau.
Denn wer aus Puru's Stamm kommet hieher, Sohn oder Enkel auch,
Erfreut in Andacht uns dennoch, Sünde begehend darum nicht.
Du auch sei mir geneigt jetzo, entlasse die Gequälte nicht.
Mir, die Anangas brennt, huld'ge, mir die Huldigung bietet dir.

Ardschunas:

Höre die Wahrheit, Schönhüft'ge, die ich dir künde, Reizende!
Höret, o Götter, mich sämmtlich! höret, Weltregionen, mich!
So wie Kunti, so wie Madri, und Indra's Gattinn Satschi mir,
Also bist du mir ehrwürdig, meines Stammes Erzeugerin.
Geh', ich beuge das Haupt, Schöne, zu den Füfsen in Demuth dir.
Wie ich als Mutter dich ehre, mufst du als Sohn bewahren mich.
Von Ardschun angeredet also, die Apsaras, von Zorn betäubt,
Zitternd, düsteren Anblickes, fluchte sie dem Dhanandschajas:

„Mich weisest du zurück spröde, da mich traf des Anangas Pfeil,
„Drum sei ein Tänzer, Sohn Kunti's, unter den Frauen ehrenlos,
„Mannheitslos', so genannt nämlich, wirst als Eunuch du wandelen."
Also fluchte sie ihm, zitternd mit den Lippen, und seufzete,
Zurück kehrte sie dann schleunigst zu ihrem eigenen Pallast.
Ardschunas aber ging eilig nach Tschitrasena's Wohnung hin.
Angelanget allda machte das Ereignifs mit Urwasi,
Das nächtliche, bekannt Ardschun dem Gandharwen, der Wahrheit nach.
Dieser erzählt dem Gottfürsten solches wieder und wieder dann,
Alles wie es geschehn grade, so wie den Fluch der Apsaras.
Es sprach Indras zum Sohn Kunti's, dem geuabeten, heimlich dann,
Zuerst mit sanftem Wort tröstend, sprach er lächelnd also zu ihm:
„Sohn-beglücket ist doch Kunti, mein Kind, durch dich zu preisen nun.
„Besieget sind die Altväter, Starker, durch deine Festigkeit!
„Der Fluch, welcher dich traf aber, durch die Apsaras Urwasi,
„Dieser wird sich dereinst, Edler, gut und heilsam bewähren dir.
„Wohnen müsset ihr, Sündreiner! verborgen auf der Erde ja,
„In dem dreizehnten Jahr nämlich, da wird erfüllt der Fluch an dir.
„Denn in Tänzers-Gewand wirst du, so wie der Männlichkeit beraubt,
„Ein einzig Jahr herumwandeln, alsdann wirst du vom Fluch befreit."
Von Indras dieses Wort hörend, war Ardschunas erfreuet sehr,
Der Feindtödter, und nicht dacht' er mehr des Fluches der Apsaras.
Tschitrasena'n vereint aber, dem ruhmvollen Gandharwen ihm,
Genofs Wonne der Sohn Pandu's im himmlischen Pallaste dort.

Wer nun diesen Gesang höret von dem Pandu-Entsprossenen,
Dessen Begier wird nie haften an sündlicher Befriedigung.
Fürsten, welche gehört haben den reinen Wandel Ardschuna's,
Frei von Begierde, Stolz, Feindschaft, diese freun sich des Himmels einst.

Hidimba's Tod.

Erster Gesang.

Von Durst jedoch gequält heftig sprach zu den Söhnen Kunti nun,
Die edle Mutter sie, dorten in der Mitte der Pandawa's: 21
„Ich verschmachte vor Durst wahrhaft.“ Also sprach zu den Söhnen sie.
Als die Klage gehört Bhimas, seiner Mutter, der Zärtliche;
Preſste Mitleid das Herz diesem; eilig setzt' er die Reise fort.
Einer Wildniſs alsbald nahte, öd' und wüste, der Pandawas,
Wo groſsschattig und voll Anmuth einen Feigenbaum er erblickt.
Dort nun führt' er sie hin sämmtlich, seine Brüder, die Mutter auch.
„Wasser hol' ich“ — so sprach dann er — „ruhet aus in dem Schatten hier!
„Süſsen Laut hör' ich dort tönen Kraniche, die sich des Wassers freun; 25
„Sicher ist wohl ein Teich nahe, groſs und wonnig, ich meine ganz.“
Ihm erwiederte drauf: „Gehe!“ von den Brüdern der älteste.
Ging dann Bhimas dahin eilends, allwo sangen die Kraniche
Als er getrunken dort hatte, sich im Teiche gebadet auch, 27
Für jene schöpfte dann Wasser, für die Brüder, der Zärtliche;
[Dorthin kehrt' er hierauf eilig, wo er Mutter und Brüder lieſs.
Von Schmerz ergriffen und Wehmuth, seufzte betrübten Geistes er.
Findend die Mutter dort schlafend, auf dem Boden, die Brüder auch,]
Überwältigt ihn Gram gänzlich, und es klagt der Gewaltige: 28
„Ist ein herberes Leid etwa zu ertragen in dieser Welt,
„Als daſs schlafen ich sehn muſs hier die Brüder auf der Erde Grund!

„Auf sanften Lagern die ehmals in Waranawata gesammt
„Des süfsen Schlafes sich freuten, auf der Erde nun ruhen die! — 30
„Und sie, des Wasudew's Schwester, vor dem bebet der Feinde Schaar,
„Tochter des Königs von Kunti, jeglicher Reize Zier begabt, 31
„Sie, die jugendlich schön blühet, eines schmuckreichen Lagers werth,
„Auf dem Boden mufs die schlafen, der ein besseres Loos gebührt. 33
„Was kann jemals so schmerzhaftes in dem Leben begegnen mir,
„Als dafs schlafen die Mann-Löwen auf der Erde ich sehen mufs? — 35
„Dem Herrschaft ziemt der drei Welten, der Fürst, der kundig ist des Rechts,
„Auf der Erde ruht der müde, wie aus niedrem Geschlecht erzeugt. —
„Und der Braune, so voll Anmuth, Ardschun, der Unvergleichliche;
„Auf dem Boden auch schläft dieser! was ist schmerzlicher anzuschaun? —
„Die den zween Aswina's gleichen an Lieblichkeit, die Zwillinge,
„Auf dem Boden ja ruhn beide, wie von niedrigem Stande zwei. —
„Wenn Verwandten nicht hat einer, die gar oft ihres Stammes Schmach,
„Glücklich kann er und froh leben, so wie einzeln im Dorf ein Baum,
„Im Dorf einzeln ein Baum stehend mag mit Früchten gesegnet sein.
„Welcher verwandtschaftslos, ehrbar, achtungswerth, hochgeehrt ist der. — 40
„Die Verwandten jedoch haben, viele Helden, auf Pflicht bedacht,
„Fröhlich leben fürwahr diese, ohne Noth und Beschwerden fort;
„Mächtig sind sie vereint allstets, jeder zu freun den Freund bemüht,
„Einer des andern Schutz, gleichend den Bäumen, die im Walde stehn.
„— Aber wir, von dem Oheime und dem grausamen Sohne defs
„Verbannt, verfolgt, verbrannt beinah', hätte Schicksal gewaltet nicht,
„Entflohn der Flamme drum mühsam, einem Baume hier angeschmiegt:
„Wohin werden wir uns wenden, in unsägliches Weh' versenkt? — —
„Freuen kannst du dich, Ruchloser, des Dhritaraschtras schnöder Sohn!
„Dir sind die Götter hold wahrhaft, dafs Judhischthiras nicht bereits 45
„Dich zu tödten mir Auftrag gab; darum lebst du noch, eitler Thor! —
„Wie soll mit Räthen dich heute, mit den Brüdern gesammt zugleich,
„Hingeeilet, erzürnt mächtig, ich nicht senden in Jama's Reich? —
„Doch wie mag ich vollziehn etwas, das den Fürsten erzürnen kann,

„Judhischthiras, den Rechtsamen, der die Zierde der Pandawa's!"
Also sprach er, der starkarmig, seine Seele von Wuth entbrannt;
Heftig Hand gegen Hand reibend, seufzend in der Betrübniſs Pein,
Preſste gewaltig ihn Wehmuth, gleich Feuer, dessen Gluth erstirbt;
Sah die Brüder ja dort schlafen, auf dem Boden, der Mächtige,
Die ganz sorglos so da lagen, Eingebornen der Wildniſs gleich. —
„Nicht weit von dieser Waldgegend nehm' eine Stadt ich dort gewahr,
„Wachen ziemte, und Die schlafen, — aber ich werde wachen, ich." — —
Also beschloſs bei sich Bhimas, und es wachte der Starke dann.

Zweiter Gesang.

Während jene daselbst schliefen, stand Hidimbas, der Riese, dort,
Nicht weit von ihrer Ruhstätte, einem Baumesstamm angelehnt.
Grausam, ein Menschenfleischfresser, stark, gewaltig und tapfer sehr,
Wie ein Gewölk im Herbst finster, braun von Augen, der Gräfsliche,
Weit defs Zähne hervorstehend, fleischgierig und vor Hunger krank:
Lang die Hüften, der Leib lang auch, roth der Bart und die Haare roth,
Grofs von Rücken und Hals, Schultern, Rochen-ohrig, der Schreckliche,
Der nahm da recht nach Wunsch jene, Pandu's Söhne, die Helden wahr;
Der mifsgestaltet, braunäugig, gräfslich, abscheulich anzusehn,
Lüstern nach Fleisch und sehr hungrig, nahm er jene nach Wunsch gewahr. 5
Seine Finger emporstreckend, zausend, juckend sein borstig Haar,
Gähnend den langen Mund öffnend, schauend einmal und abermal,
Nach Fleisch der Menschen sehr lüstern, grofsgliederig, der Mächtige,
Einem dichten Gewölk ähnlich, spitzzahnig, roth von Angesicht. —
Als Menschenfleisch nun roch dieser, sprach er also die Schwester an:
„Endlich bietet sich dar heute Lieblingsspeise, so lang entbehrt!
„Vor Gier träuft mir der Mund wahrhaft, die Zunge leckt den Gaumen mir.
„Ha! wie will ich die acht Zähne, die spitzen, die gefastet lang,
„In die Leiber nun eintauchen, recht eingraben ins frische Fleich!
„Bald werd' ich Menschenfleisch schlucken, und aufschlitzen die Adern bald. 10
„Ganz warm werd' ich das Blut schlürfen, in vollem Maafs, das schäumende.
„Gehe schleunigst zu spähn, Schwester! wer sie sind, die dort schlafend ruhn.
„Stark wirkt Menschengeruch wahrhaft, erquickt weidlich die Nase mir.
„Tödte die Menschen dort sämmtlich, setze mir ihre Leiber vor.
„Die in unserm Gebiet schlafen, jene wirst du doch fürchten nicht?

„—Wenn ihr Fleisch wir zerstückt haben, der Menschen, so nach Herzens Lust,
„Werden beide wir froh zehren; schleunigst vollbringe drum mein Wort.
„Wenn das Fleisch wir verzehrt haben der Menschen, uns nach Gier gelabt,
„Lustig werden wir dann tanzen, den Takt schlagend gar mannigfach.“ —
Als Hidimba gehört hatte Hidimba's Wort im Waldrevier,
Ihres Bruders Befehl folgend machte sich flugs die Riesin auf.
Dort hin lenkt' sie den Schritt eilig, allwo die Pandawa's gesammt.
Angelangt daselbst sah sie nebst der Mutter die Pandawa's,
Schlafend alle, und nur Bhima'n fand sie wachend, den Mächtigen.
Als sie Bhima'n geschaut, ähnlich einem Sala-Fisch, jung und zart,
Fühlte jene zu ihm Liebe, deſs Ansehn unvergleichbar war. —
„Dieser Braune, der starkarmig, löwenschultrig, so herrlich strahlt,
„Lotos-äugig, deſs Kinn wölbicht, der sei Gatte geeignet mir.
„Meines Bruders Befehl werd' ich, den grausamen, erfüllen nie.
„Gattenliebe ist doch mächtig, siegt der Freundschaft zum Bruder ob.
„Einen Augenblick nur währte meines Bruders und meine Lust,
„Wenn ich tödte; doch nicht tödtend, blühet ewige Wonne mir.“ —
Nahm dann Menschengestalt jene, voller Zierde, die Riesin an,
Und so trat sie ganz allmählich vor den Bhimas, den Mächtigen,
Schaamhaft gleichsam und demüthig, doch mit himmlischem Schmuck geziert.
Ihm zulächelnd zuerst richtet' diese Rede an Bhimas sie:
„Woher bist du genaht also, und wer, o Fürst der Männer du!
„Wer sind jene, die hier schlafen, Menschen von göttlicher Gestalt? —
„Wer die Braune allhier, sage, die schlank', in jugendlichem Reiz!
„Schläft hier im Walde doch diese sorgenlos, wie in eignem Haus.
„Sie kennt nicht diese Einöde, die von Riesen bewohnet ist. —
„Es haust ein Riese hier, wisse, Hidimbas heiſst der Schändliche,
„Mein Bruder, der mich hersendet, der Ruchlose, mit Schand' erfüllt.
„Am Fleische möcht' er sich laben eurer Leiber, den Göttern gleich. —
„Doch weil ich dich gesehn habe, Göttersprösslingen gleich an Glanz,
„Kann ich andern mir nicht wünschen als Gatten, Wahrheit künd' ich dir.
„Solches wissend, o Rechtsamer, denke auf baldigen Verein.

„Leib und Seele mir zwang Sehnsucht; mir, die huldiget, huldige!
„Retten werd' ich dich, Machtvoller, vor dem Riesen, der Menschen frisst,
„Auf Höh'n werden wir froh wohnen; sei mein Gatte, o Trefflicher!
„Ich durchwandre der Luft Räume, wo mich's gelüstet zieh' ich hin.
„Unaussprechliche Lust koste, hier und dorten, mit mir vereint."

Bhimas:

Mutter, Brüder gesammt alle, wie den ältsten, den jüngsten so,
Wer mag, der edlen Sinn heget, die verlassen, o Riesin, sprich!
Meines Gleichen wer mag schlafend diese Brüder, die Mutter hier
Einem Riesen als Speis' lassend, fröhnend der Lust von dannen gehn? —

Hidimba:

Was dir lieb ist vollziehn will ich, wecke sämmtlich die Schlafenden,
Retten will ich sie all gerne vor dem Riesen, der Menschen frisst. —

Bhimas:

Die behaglich allhier schlafen, Mutter, Brüder, o Riesin, wie!
Soll ich diese aus Furcht wecken deines Bruders, des Grausamen?
Riesen sind nicht, o Furchtsame, fähig zu tragen meine Kraft,
Auch Menschen nicht, noch Gandharwen, noch Jakscha's, schöngeaugte du!
Geh' oder bleibe nun, Holde! — Was dir gefällt, vollbringe das,
Oder schicke mir ihn, Schlanke, menschenfressenden Bruder her. —

Dritter Gesang.

Als der Schwester geharrt lange dort Hidimbas, der Riesenfürst,
Verließ solcher den Baum jetzo, nahte selber den Pandawa's:
Flammenaugig und starkarmig, gesträubt das Haar, von Antlitz lang,
Einem dichten Gewölk ähnlich, und spitzzahnig, der Schreckliche. —
Sehend diesen heranstürzen, den Riesen, scheußlich anzuschaun,
Sprach Hidimba erschreckt wieder diese Rede zum Pandawas:
„Sieh' da kommt er, der Ruchlose, zornig, der Menschenfresser her.
„Was ich dir sage, das thue, nebst den Brüdern gesammt alsbald.
„Wo mich's lüstet, dahin geh' ich, begabt bin ich mit Riesenkraft.
Steig' auf den Rücken mir, Starker, ich entführe dich durch die Luft.
„Wecke sämmtlich, die hier schlafen, deine Brüder und Mutter, Held!
„Alle werd' ich sie aufladen, und mich schwingen zur Luft empor."

BHIMAS:

Nicht verzaget, o Starkhüft'ge! nichts vermag jener gegen mich.
Tödten werde ich ihn schleunigst, du wirst zusehen, schlanke Magd!
Nicht ja kann er, o Furchtsame, jener schändliche Riese dort,
Im Kampfe meine Kraft tragen, noch sonst einer der Riesen auch.
Schau' die Arme, die kraftvollen, Löwentatzen die Hände schau!
Diese Schenkel, wie Streitkolben, die Brust schaue, die hochgestämmt!
Eine Kraft wirst du wahrnehmen, Schöne, jener des Indras gleich.
Mich verachte nicht, Starkhüft'ge, weil ein Mensch ich gestaltet bin.

HIDIMBA:

Ich verachte dich nicht, Starker! gleich den Himmlischen an Gestalt,
Den Menschen sind an Kraft aber überlegen die Riesen doch.

— Während dorten nun sprach also Bhimasenas, des Pandus Sohn,
Hörte der Riese dess Rede, zornig der Menschenfresser dort.
Als in Menschengestalt schaute seine Schwester Hidimbas dann,
Voll Blumenkränze ihr Haupthaar, gleich dem Vollmond ihr Angesicht,
Schön die Brauen und Nas', Augen, die Nägel reizend, zart die Haut,
Hold in stattlichem Schmuck prangend, in ein lichtes Gewand gehüllt,
Neben Bhimas vertraut stehend, herzenraubender Anmuth reich:
Wähnend, dafs sie um Gunst buhle, zürnte der Menschenfresser sehr.
Von Zorn mächtig entbrannt aber ob der Schwester, der Schändliche,
Die grofsen Augen aufsperrend, sprach zur Riesin der Riese so:
„Wer ist's, der mir, dem Efsgier'gen, Störung bringet, ein schnöder Wicht!
„Zitterst du denn, Hidimba, nicht vor meinem Zorn, o Thörichte!
„Weh' dir Buhlerin, Schaamlose! die du also mir Leid erregst,
„Die du sämmtlich den Vorfahren Schande, den Riesenfürsten, bringst. —
„Aber welchen du dich einend Mifsbehagen erregtest mir,
„Diese werd' ich gesammt jetzo hier ermorden, dich selber auch.
Also sprechend, der rothäugig, zu der Riesin der Riese dort,
Sie zu morden heran stürzt' er, Zahn auf Zahn knirschend, wild ergrimmt.

Vierter Gesang.

— — Jedoch Bhimas, als der wahrnahm, wie da nahte der Riesenfürst,
Auf die Schwester erzürnt mächtig, rief ihm lächelnd die Rede zu:
„Warum, Hidimbas! denn wecken sie, die wonnigen Schlafs sich freun?
„Auf mich stürze heran, Schnöder! alsbald, Riese, der Menschen Feind!
„Auf mich heran, den Muthvollen; ein Weib wollest du tödten nicht. —
„Gar nicht hat ja gefehlt diese, hat ein Andrer an ihr gefehlt.
„Ist's doch nicht eigner Will' deren, wenn in Liebe sie mir geneigt.
„Anangas hat gewollt also, der zum Innern des Leibes dringt.
„Deine Schwester, o Grausamer! Schande der Riesen allgesammt!
„Kam auf deinen Befehl her ja, schaute meine Gestalt allhier.
„Jetzo liebt mich die Furchtsame; nein, sie entehrt nicht ihren Stamm!
„Wenn Anangas gefehlt, mufst du nicht die Schwester defshalben schmäh'n.
„Mir stehe nun, o Ruchloser! — Ein Weib wollest du tödten nicht.
„Mit mir magst du herausgehen, Einer mit Einem, Menschenfeind!
„Heute werde ich dann senden in des Jamas Behausung dich.
„Fallen wird gleich dein Haupt, Riese, von dem Rumpfe, durch mich zermalmt,
„Als hätt' ein Elephant, kraftvoll, mit dem Fufse zerknirschet es.
„Raben werden alsbald heute, Falken und der Schakale Heer
„Deine Glieder mit Gier schleifen, wenn im Kampfe ich dich erlegt.
„Bald werd' in dieser Waldgegend ich ausrotten die Riesen all,
„In der lange du froh haustest, mästend dich von der Menschen Fleisch.
„So wird die Schwester nun heute umherschleifen den Riesen sehn,
„Von mir dich, einem Berg ähnlich, wie vom Löwen den Elephant.
„Sonder Furcht werden dann wieder, Schande sämmtlich der Riesen du!
„In dem Walde die Waldleute umherwandeln, nach deinem Tod.

HIDIMBAS:

„Wozu die eitlen Schmähreden? Wozu die Lästerungen, Mensch?
„Wenn in That du vollbracht all dies, sodann prahle; — zur That sogleich!
„Kraftvoll wähnest du dich selber, unbesiegbar an Tapferkeit;
„Kennen wirst du jedoch heute, mit mir streitend, den Stärkeren.
„Diese werd' ich noch nicht stören, schlafen mögen sie ruhig fort,
„Denn dich will ich vorerst, Schnöder! morden jetzo, den Lästerer.
„Wenn dein Blut ich geschlürft habe, werde diesen ich auch sodann
„Den Tod geben, und dann dieser, welche mir Mifsbehagen schuf.“ —
Also sprach er, emporhebend den Arm, der Menschenfresser dort,
Heran stürzt er sodann zornig auf Bhima, der den Feind bezwingt.
Aber schleunigst umfaſst dieser, Bhimas, der furchtbar Tapfere,
Lächelnd gleichsam, den Arm, welchen jener Riese mit Schnelle hob.
Jenen so mit Gewalt fassend, schleifet er den sich Sträubenden
Acht Bogenschüsse weit vorwärts, wie ein Löwe den schwachen Hirsch.
Aber der Riese nun zornig, überwältigt vom Pandawas,
Mit den Armen ihn umschlingend stöfst aus ein schreckliches Geschrei.
Drauf schleifet Bhimas ihn wieder, mit Gewalt der Gewaltige —
„Keinen Lärmen!“ — ihm zurufend — „schlafen hier meine Brüder sanft.“ —
Also zogen sie sich beide einander, die Gewaltigen,
Der Riese und der Sohn Pandu's, Wunder übend von Tapferkeit.
Bäume brachen sie hier, dorten rissen Sträuche sie mit sich fort,
Zween Elephanten gleich, tobend, sechzigjährig, berauscht, ergrimmt.

Durch das grofse Getös jetzo wachten die Mannesfürsten auf,
Nebst der Mutter und sahn vor sich Hidimba'n, jene Riesin, stehn.
Als die schöne Gestalt schauten die Erwachten Hidimba's nun,
Staunten sämmtlich die Mann-Löwen, ob der Anmuth, und Kunti auch.
Diese sprach dann, sie anblickend, ob der schönen Gestalt erstaunt,
Ihr erst freundschaftlich zulächelnd, zu Hidimba dies sanfte Wort:
„Wessen bist du, o Anmuth'ge, und wer, so reizend anzusehn?

„In welchem Zweck genaht also? woher bist du gekommen auch?
„Ob du von dieser Einöde die Göttin, oder Apsaras,
„Solches verkünde mir sämmtlich, und warum du allhier verweilst?“

Hidimba:

„Der Wald, den du allhier schauest, schwarz, einer Wetterwolke gleich,
„Wiss', ein Riese bewohnt solchen, Hidimbas heifst er, mit mir zugleich.
„Vernimm auch, dafs ich defs Schwester, des Riesenfürsts, o Treffliche!
„Vom Bruder hergesandt, Edle! dich nebst Söhnen zu morden all.
„Auf des Ruchlosen Wort also, des Bruders, bin gekommen ich,
„Sah den Mann hier, den goldgleichen, deinen Sohn, ihn den Mächtigen.
„Weil, der im Wesen sich reget von allem, was da ist und lebt,
„Weil Anangas gewollt jetzo, ward deinem Sohne ich geneigt.
„Gatten hab' ich gewählt diesen, deinen Sohn, den Gewaltigen,
„Zu entführen gesucht, aber er entsprach meinen Wünschen nicht. —
„Lang vergebens auf mich wartend kam jener Menschenfresser dann,
„Hidimbas, hergeeilt selber, sie zu morden, die du gebarst.
„Von ihm ward er allhier aber, meinem Trauten, dem Sohne dein,
„Zermalmt mit kräft'gen Faustschlägen und geschleift vom Gewaltigen.
„Wie die Starken sich dort schleppen, und wie einer den andern schmäht,
„Des Kampfes beide schon müde, schau den Jüngling, den Riesen schau!“ —
Als vernommen das Wort deren, eilt Judhischthiras flugs hinan,
Ardschun und Nakulas ferner, und Sahadew, der Rüstige.
Sahen dorten die zwei Starken, wie der eine den andern packt,
Alle beide um Sieg ringend, wie zwei Löwen, mit Kraft erfüllt.
Einer den andern umfassend zogen sie ein- und abermal,
Es stieg, finsterem Rauch ähnlich, von dem Kampfplatze Staub empor.
Mit Staub bedeckt die zwei Helden waren zwei hohen Bergen gleich;
Sie glänzeten wie zwei Felsen, die mit schimmerndem Thau bedeckt. —
Von dem Riesen bedrängt also Bhima'n sehend, den Bruder dort,
Sprach nun Ardschun, ihn aufmunternd zum Kampfe, lächelnd dieses Wort:

„Nicht verzagt, du, dess Arm kraftvoll! Wissen, Bruder! wir doch bereits,
„Dass ein Riese mit dir streitet, wir, die annoch ermüdet nicht.
„Ja hier stehe ich, Ehrwürd'ger! stürzen werde den Riesen ich;
„Nakulas, Sahadew ferner werden schützen die Mutter dort."

Bhimas:

Zuschau'n magst du allhier sitzend; erschrick nicht ob des Scheusslichen!
Der wird mir keineswegs lebend aus den Armen entwischen, der.

Ardschunas:

Wozu verzögern noch, Bhimas, den Tod dieses Abscheulichen?
Lange dürfen wir nicht harren allhier, Sieger der Feinde, du! 46
Bevor gänzlich der Tag schwindet und die Dämm'rung des Abends kehrt . . .
In der Stunde des Grauns, wisse, sind die Riesen erstaunlich stark.
Eile denn, nicht gespielt, Bhimas! erschlage ihn den Schrecklichen.
Eh' er durch Zauber dich täuschet, wende die Kraft der Arme an.

Von Ardschun angered't also, Bhimas, glühend vor wildem Zorn,
Zeigte Kraft, der des Winds ähnlich am Tage des Untergangs der Welt.
Wolkenfarbig den Leib packend, des Riesen, Bhimas zornentbrannt,
Schüttelte ihn, empor hebend auf's schnellste, mehr als hundertmal.

Bhimas:

Umsonst von Menschenfleisch lebend! umsonst gemästet, schnöder Wicht!
Umsonst! du bist des Tods würdig! Umsonst! sterben musst du sogleich. 50

Ardschunas:

Wenn dir etwa der Kampf lästig mit dem mächtigen Riesen wird,
Will ich dir Beistand leihn, Bruder! sogleich stürze der Schändliche! 52
Oder lass mich allein selbem den Tod geben, Wrikodaras!
Ob der verübten That müde magst du behaglich ruhn indess.

Als die Rede gehört dessen Bhimas, stampfte der Mächtige
Auf den Boden, erzürnt, jenen, ihn tödtend wie ein Opferthier. —
Von Bhimas so erwürgt stöhnte der Ries' ein schreckliches Geschrei,
Welches im Wald erscholl, ähnlich einer genäfsten Trommel Ton.
Dessen Leichnam ergriff Bhimas jetzo, der starke Pandawas,
Brach dann mitten entzwei solchen und erfreute die Brüder so.
Diese priesen den Mann-Löwen, den Bezwinger der Feinde dann,
Und es sagte hierauf Ardschun diese Rede zum Mächtigen:
„Nicht weit von dieser Einöde glaub' eine Stadt ich dort zu sehn;
„Lafst uns gehen darum eilends, gar kundig ist Durjodhanas." —
„So sei's" sagten hierauf sämmtlich nebst der Mutter die Pandawa's,
Und so zogen gesammt diese, nebst Hidimba der Riesin, fort. —

Des Brahmanen Wehklage.

Erster Gesang.

Als nun wohnten die Grofsgeist'gen verborgen in dem Lande dort,
Verflofs gar lange Zeit also, o Trefflichster der Bharata's.
Einstmals gingen, um Almosen zu sammeln, Pandu's Söhne aus,
Nur Bhimas blieb zurück dorten, safs mit Kunti, der Mutter, da.
Diese hörete nun plötzlich in dem Hause des Brahmanas
Gramerzeugeten Lärm schallen, einen grofsen und schrecklichen.
Kunti konnte das Wehklagen und Weinen nicht ertragen mehr,
Aus Edelsinn und Mitleiden mit Betrübten, die Treffliche. —
In der Seele betrübt sagte der Pandawa's Erzeugerin
Zum Sohn Bhimas, die Ehrwürd'ge, dieses mitleiderfüllte Wort:
„Mein Sohn, wir wohnen ganz glücklich in des Priesters Behausung hier,
„Vor dem Durjodhanas sicher, bewirthet, aller Sorgen frei.
„Immer denk' ich, mein Sohn, aber, wie kann ich dem Brahmanen doch
„Einen genehmen Dienst leisten, wie sich's ziemt dem Bewirtheten?
„Der ist, Theurer, ein Mensch wahrhaft, der das Gescheh'ne nie vergifst,
„Und, was Andre ihm thun Liebes, in erhöhetem Maafs vergilt.
„Darum möcht' ich den Schmerz lindern, der dem Priester genahet ist,
„Beistand ihm in der Noth leisten, seine Freundschaft vergelten so."

Bhimas:

Lafs uns kennen den Schmerz dessen, und woher er gekommen ist,
Entschlufs werde ich dann fassen, müfst' ich auch schwere That bestehn.

Indem redeten so beide, hörten wieder sie einen Laut,
Schmerz-erzeugeten, des Priesters, dem die Gattin gesellet war.
In das inn're Gemach eilte, des Brahmanen von hohem Geist,
Kunti schnell, wie die Kuh eilet, die dem Rufe des Kalbes folgt.
Den Priester nahm sie wahr dorten mit der Gattin und mit dem Sohn,
Mit der Tochter zugleich ferner, zur Erde war sein Haupt gebeugt.

DER BRAHMANE:

Schmach dem Leben, dem wehvollen, bestandlosen, in dieser Welt,
Wurzel des Leids ist's, abhängig, mit Drangsalen erfüllet ganz.
Ein gewaltiger Schmerz haftet am Leben, Leben ist nur Leid;
Wer da lebet, der mufs dulden die Schmerzen, die ihm nahn gewifs.
Denn Eine Seele dient Dreien, dem Recht, dem Gute, der Begier;
Einem dieser zu entsagen ist als gewalt'ges Leid erkannt. —
Ein'gen ist höchstes Gut Freiheit, doch also ist es keineswegs:
Auf Erlangung der Reichthümer ist gegründet die Hölle ganz;
Sehnsucht nach Gut ist Schmerz, grofser, des Guts Erlangung gröfserer.
Wessen Begier am Gut haftet, dem ist Trennung gewalt'ges Leid.
Kein Mittel kann ich wahrnehmen, das mich zöge aus meiner Noth,
Welches der Gattin, Sohn, Tochter und mir Rettung gewährete. —
Vormals sprach ich zu dir, Theure, du weifst es, edle Priesterin!
„Wo Glück weilet, dahin gehn wir!" du aber wolltest hören nicht:
„Hier geboren erwuchs hier ich, und hier wohnet mein Vater auch!"
Gabst du zur Antwort, Sinnlose, als ich oftmals dich flehete.
Dein alter Vater, auf ging er zum Himmel, bald die Mutter dann,
Und die Verwandten auch sämmtlich; was freut dich hier zu wohnen nun?
Zärtlich liebend die Blutsfreunde, auf mein Zureden hörend nicht,
Traf dich der Tod der Blutsfreunde, der mir selber gar schmerzlich war.
Nun ist mein eigner Tod nahe, denn ich könnte ja keineswegs
Eines der Meinen aufopfern, lebend selbst, wie ein Bösewicht.
Dich, die rechtlich gesinnt, Fromme, stets der Mutter vergleichbar mir,

Die von den Göttern als Freundin mir Beschied'ne, mein höchstes Gut,
Welche die Eltern einst gaben als Gefährtin des Hauses mir,
Die nach Sitt' ich gewählt habe und geehlicht der Schrift gemäfs,
Die edele und sittsame, meiner Kinder Gebärerin:
Dich kann um eignen Seins Fristung, die Gute, die kein Leid gethan,
Ich dem Tode nicht preis geben, mein ergebenes, treues Weib.
Doch wie kann ich den Sohn lassen, ihm entsagen, der noch ein Kind,
In der Jugend ihn aufopfern, noch entblöfst von des Kinnes Flaum? —
Sie, die Brahma, der Hochgeist'ge, für den Gatten gebildet hat,
Durch welche mir und Vorahnen die töchterliche Welt zu Theil,
Die ich selber gezeugt habe, die Jungfrau, könnt' ich lassen sie? —
Ein'ge glauben: den Sohn liebet mehr der Vater mit Zärtlichkeit,
„Er liebt die Tochter mehr," andre; ich aber liebe beide gleich.
Sie, welche Welten trägt in sich, Nachkommen, ew'ge Wonne dann,
Meine Tochter, die Sündreine, wie könnte ich entsagen ihr? —
Wenn ich selber mich aufopf're, grämt mich der Gang zur and'ren Welt;
Denn verlassen von mir können diese sämmtlich ja leben nicht.
Eines von ihnen aufopfern, ist von Weisen als Schmach erkannt.
In unendliche Noth sank ich, kann dem Unglück entrinnen nicht.
O des Elendes! wo finde ich Zuflucht mit den Meinigen?
Besser dafs wir gesammt sterben! denn zu leben ertrag' ich nicht.

Zweiter Gesang.

Die Brahmanin.

Nicht mufst du also wehklagen, wie aus niedrigem Stande wer;
Nicht zum Klagen ist's Zeit jetzo, dies ist dir kund, dem Kundigen.
Unvermeidlich Geschick heischet, dafs Menschen all dem Tode nahn;
Was unvermeidlich ist aber, darum ziemt sich's zu klagen nicht.
Gattin, Tochter und Sohn, all dies wünschet zu eignem Heil der Mann,
Darum hemme den Gram weise; selber werde ich gehn dahin.
Der Gattin höchste Pflicht ist es, eine ewige, auf der Welt,
Dafs sie das Leben aufopf're, wo es des Gatten Wohl erheischt.
Solche vollbrachte That aber schaffet hier dir Befriedigung,
Währt in der andren Welt ewig, und Ruhm bringt sie in dieser Welt.
Sehr erhabene Pflicht ist es, die ich nun dir verkünden will,
Dein Nutzen und dein Recht, beide findest gefördert du hierbei;
Wefshalb ein Weib der Mann wünschet, dieses hast du durch mich erlangt:
Tochter und einen Sohn nämlich; bezahlt habe ich meine Schuld.
Zu ernähren die zwei Kinder und zu schützen vermagst ja du;
Nicht im Stande bin ich aber sie zu nähren, zu schützen sie.
Deiner Hülfe beraubt nämlich, meines Lebens und Gutes Herr!
Wie erhalt' ich die zwei Kleinen, wie erhalte ich selber mich?
Wittwe, deiner beraubt, schutzlos, mit Kindern, die erwachsen nicht,
Kann ich Tochter und Sohn nähren und wandeln auf der Tugend Pfad?
Wenn Selbstsücht'ge, Hochmüth'ge diese Tochter begehreten,
Nicht geschrecket durch dein Ansehn, wie vermöcht' ich zu schützen sie?
Wie Vögel mit Begier nahen der Saat, am Boden ausgestreut,
So nahn Männer der Frau, welche ihres Gatten beraubet ist.

Wenn nun aber die Ruchlosen mich mit Bitten bestürmeten,
Würd' ich im Pfade stehn können, dem von Guten gewünscheten?
Die Tochter, deines Stamms einz'ge, dieses Mägdlein von Sünden rein,
Wie kann ich sie den Weg führen, den Vater, Ahnen wandelten?
Kann ich Tugenden einflöfsen, erwünschte, diesem Kinde wohl,
Dem schutzlosen, bedrängt allwärts, wie du's, Kenner der Pflicht, vermagst?
Sich werden um die Hülflose, deine Tochter, Unwürdige,
Mich nicht achtend, bemühn gierig, wie Sudra's um das Wort der Schrift.
Und wenn ich selbst sie nicht gebe, deiner Tugenden eingedenk,
Werden sie sie mit Macht rauben, wie Kraniche die Opferspeis.
Sehe ich deinen Sohn aber entartet und nicht ähnlich dir,
In Unwürd'ges Macht ferner die Tochter, die ich dir gebar,
Selber als Schmach der Welt wandelnd, dafs ich mich selber kenne kaum,
Stolzen Männern ein Spott nämlich, werd' ich sterben, ich zweifle nicht.
Meiner beraubt die zwei Kinder, deiner Stütze entbehrend auch,
Werden beide gewifs sterben, Fischen gleich, denen Wasser fehlt.
Ganz unvermeidlich steht Dreien sicherer Untergang bevor,
Wenn sie deiner verwaist werden, darum woll' uns verlassen nicht.
Der Frauen höchstes Glück ist es, vor dem Gatten den hehren Gang
Zu gehn; zu leben frommt Kindern, dies wissen Pflicht-erfahrene.
Entsagen diesem Sohn kann ich, dieser Tochter entsagen auch,
Meinen Verwandten entsagt' ich, deinethalber, dem Leben auch.
Mehr als Opfer und Selbstzähmung, als Bufs' und frommer Gaben viel
Ist der Gattin Beruf Sorge für ihres Gatten Wohlergehn.
Was ich jetzo zu thun denke, ist als heiligste Pflicht erkannt,
Wunsch befördernd und Wohl fördernd, dein eignes und des Stammes Wohl.
Kinder werden gewünscht, heifst es, Reichthum und liebe Freunde auch,
Zur Rettung aus dem Unglücke, auch die Gattin zu gleichem Zweck.
Das gesammte Geschlecht nämlich, des Geschlechtes Vermehrung auch
Ist nicht dem einz'gen Selbst ähnlich; so bestimmen die Weisen ja.
Lasse mich meiner Pflicht huld'gen und errette dich selbst durch mich.
Gib mir Befehl, o Ehrwürd'ger! und erhalte die Kinder mein.

„Frauen müssen geschont werden,“ sagen die Kundigen der Pflicht;
Die Riesen sind der Pflicht kundig, drum wird jener nicht tödten mich.
Der Männer Tod ist ganz sicher, der Frauen Tod ist zweifelhaft,
Darum mufst du, o Pflichtkund'ger! mich zu dem Riesen senden hin.
Manche Freuden erlebt hab' ich, meinen Beruf hab' ich erfüllt,
Habe Sprossen von dir ferner, darum schrecket mich nicht der Tod.
Kinder gebar ich, alt bin ich, vom Wunsch zu dienen dir beseelt;
Alles dieses im Geist prüfend, habe Entschliefsung ich gefafst. —
Mich aufopfernd, o Ehrwürd'ger! findest du wohl ein andres Weib,
Der Pflicht wirst du sodann wieder entgegen kommen, Edeler!
Nicht ja ist es dem Mann Sünde mehre Frauen zu ehlichen,
Grofse Sünde begehn Frauen, welche knüpfen den zweiten Bund.
Dieses alles im Geist prüfe, die Sünd' auch, selbst dem Tod zu nahn,
Errette schleunig dich selber, den Stamm, die beiden Kinder auch.

Diese Rede der Frau hörend, drückt der Gatte sie an die Brust,
Thränen vergiefsend allmählich, mit der Gattin betrübet sehr.

Dritter Gesang.

Der Betrübeten Wort hörend, so beschaff'nes, in dem Gemach,
Hub, umflossen von Gram, jetzo die Tochter diese Rede an:
„Was grämt ihr euch so sehr also, heftig weinend, wie ganz verwaist?
„Meine Red' auch vernehmt jetzo, alsdann mögt ihr gedulden euch.
„Mir entsagt ihr mit Recht wahrlich, hierin waltet kein Zweifel ob.
„Entsagt ihr der Entsagbaren, rett' ich Eine die Sämmtlichen.
„Darum wünschet man Nachkommen, „mich retten sie“ so denket man,
„Diese Zeit ist genaht eben; so rettet euch durch mein Bemühn!
„Hier bereite der Sohn Sühnung, oder jenseits bereit' er sie,
„Jeglichen Falls der Sohn sühnet, drum nennen Sohn die Weisen ihn.
„Auch töchterliches Heil wünschen die Vorahnen zu jeder Zeit;
„Dieses nun werde ich gründen, rettend vom Tod den Vater mein.
„Der Bruder hier, ein Kind ist er; gehest du auf zu jener Welt,
„Wird er gar bald zu Grund gehen, dieses ist zu bezweifeln nicht.
„Gehet zum Himmel auf aber, gestorben, der nach mir gebor'n,
„Schwindet der Ahnen Sühnopfer, dieses würde betrüben sie.
„Vater- und mutterlos aber und des Bruders beraubet auch,
„Schmerzlicheres als Schmerz fühlend, sterb' ich, hieran gewöhnet nicht.
„Wenn du aber dich selbst rettest, besteht Mutter und Bruder auch,
„Und das ewige Sühnopfer wird bestehen, ohnfehlbar ist's. —
„Der Sohn ist eignes Selbst, Freundin ist die Gattin, die Tochter Schmerz,
„Befreie dich vom Schmerz also und geselle dem Rechte mich.
„Eine Verwaiste, Hülflose, Umherirrende hier und dort
„Werde ich sein alsbald, Vater, wenn ich deiner beraubet bin.
„Doch wenn ich dieses Stamms Rettung und Befreiung begründe nun,

„Fruchtbegabet sodann bin ich, nachdem gethan die schwere That.
„Doch wenn du selbst dahin gehest, mich verlassend, Vortrefflichster!
„Werd' ich in herbes Leid sinken; davor wolle bewahren mich!
„Um mein Selbst, um des Stamms willen und um der Tugend willen auch,
„Entsage der Entsagbaren und erhalte das Leben dir.
„Ein unvermeidlich Thun also beschliefse ohne Zeitverlust!
„Gibt es gröfseres Leid etwa, als dafs, wenn du zum Himmel gingst,
„Von Andren Speise wir betteln, umherirrend den Hunden gleich?
„Doch wenn du selber Heil findest, errettet mit den Deinigen,
„Werd' ich unsterblich sein gleichsam hienieden und von Freud' erfüllt.
„Und die Götter und Ahnväter werden dessen sich freuen auch,
„Wasserspende von dir habend, welche ihnen zum Heile dient.

Diese Klage, die vielfält'ge, vernehmend, weineten daselbst
Vater, Mutter, betrübt beide, und es weinte die Tochter auch.
Sehend diese gesammt weinen, fing das Söhnchen zu reden an,
Die beiden Augen weit öffnend, lallt' es stotternd die Worte her:
„Vater, nicht weine! nicht, Mutter! o meine Schwester, weine nicht!"
Und mit lächelndem Mund ging es einzeln zu einem jeden hin,
Dann einen Grashalm aufhebend, sprach es entzücket wiederum:
„Hiermit will ich ihn todtschlagen, den Riesen, der die Menschen frifst."

Obwohl bitterer Schmerz jene, die Hörenden, umfangen hielt,
Erfüllte doch des Kinds Lallen mit unendlicher Freude sie.

Sundas und Upasundas.

Erster Gesang.

Höre von mir, o Sohn Kunti's, jene alte Geschichte nun,
Mit deinen Brüdern, ausführlich, wie sich solche ereignet hat:
Hiranjakasipus heifsend, lebte ein mächt'ger Asuras,
Nikumbhas war ein Sprofs dessen, kraftvoll, ein Fürst des Daitja-Stamms.
Dieser zeugete zwei Söhne voll Heldenmuth und Tapferkeit,
Sundas und Upasund heifsend, furchtbar und grausam von Gemüth;
Doch waren Eines Sinns beide, stets vereinigt zu Einer That,
Von einander getrennt niemals, theileten Leid und Freude sie.
Mit einander vereint afsen und mit einander gingen sie,
Einer des andern Lust fördernd, Liebes sagend einander stets,
Einerlei Sinnes und Wandels, als wären beide eines nur.
Die Helden wuchsen auf also, zu Einer That entschlossene;
Zu erobern den Drei-Himmel, nahmen sie sich im Geiste vor.
Als sie Opfer vollbracht hatten, nahten Windhjas, dem Berge, sie
Und übeten daselbst Bufse, die schrecklichste, sehr lange Zeit,
Hungernd, durstend, in Baumrinde gekleidet, mit verwirrtem Haar,
Die Glieder durch den Geist bänd'gend, nähreten sich vom Winde nur.
So ihr eigenes Fleisch opfernd, standen sie auf den Zehen da,
Die beiden Arme ausstreckend, dreheten sie die Augen nie. —
Aber durch dieser Bufs' Allmacht gar lange Zeit durchglühet so,
Entsendet Rauch der Berg Windhjas; wundervoll war es anzusehn.

Und die Götter ergriff Schrecken, als sie die strenge Busse sahn.
Zu stören diese Selbstqualen suchten auf manche Weise sie,
Durch Edelsteine anreizend und durch Frauen das Brüderpaar.
Aber dem Vorsatz treu jene, unterbrachen die Busse nicht.
Wieder schufen sodann Täuschung den Grossgeist'gen die Himmlischen:
Schwestern, Mütter und Frau'n schienen und Verwandschaft den Büssenden
Geschrecket und verfolgt jetzo von bewaffnetem Riesen dort;
Ihrer Geschmeid' und Haarlocken entblösst, ihres Gewands entblösst,
Erhoben sie den Ruf alle: „Hülfe, Hülfe!“ so schrieen sie.
Aber dem Vorsatz treu jene, unterbrachen die Busse nicht.
Da sie von Störung frei blieben und Besorgniss empfanden nicht,
Verschwanden jene Frau'n wieder und die Wundererscheinung ganz.
Aber der Welten Urvater nahte den grossen Asura's,
Um mit segnender Huld jetzo die beiden zu begnadigen.
Sundas und Upasund aber, Brüder bewährter Tapferkeit,
Als sie sahen den Urvater, falteten ihre Hände sie
Und sprachen zu dem Herrn, Brahma, dem genaheten, also dann:
„Wenn zufrieden der Urvater mit der Busse, die wir vollbracht,
„Täuschungskund'ge, wehrkund'ge, starke, nach Wunsch gestaltete
„Und unsterbliche auch sei'n wir, wenn du gnädig uns bist, o Herr!“

Brahma:

Nur Unsterbliche nicht, sonstig soll der Wunsch euch gewähret sein;
Andres wählet und Tod'sweise, die Unsterblichen gleich euch stellt.
„Herrschen wollen wir,“ so denkend, übtet Busse ihr, schreckliche;
Euch wird aus diesem Grund eben Unsterblichkeit verliehen nicht.
Zu erobern den Drei-Himmel, habt die Busse begonnen ihr,
Darum, o Daitjastammsfürsten! thue ich euch den Willen nicht.

Sundas und Upasundas:

Was da ist in den drei Welten, stehendes und bewegliches,
Soll uns beiden nicht obsiegen, obsieg' einer dem andern nur.

Urvater:

Was ihr begehrt und sagt jetzo, dieses mufs ich gewähren euch,
Und die genannte Tod'sweise soll euch beiden beschieden sein.

Naradas:

Als gegeben der Urvater diesen Segen dem Brüderpaar
Und die Bufse gehemmt also, ging er auf zu der Brahma-Welt.
Als den Segen erlangt hatten die zwei Fürsten des Daitja-Stamms,
Sämmtlichen Welten untödtbar, gingen zu ihrer Wohnung sie.
Ihrer Freunde Gesammt-Menge freuete ihrer Rückkehr sich,
Jene lösten die Haarflechte und gingen schöngelocket nun,
In vortrefflichem Schmuck prangend, in prachtvolles Gewand gehüllt.
Gaben Feste der Lust immer, aller Wünsche versehene;
Immer von Wonn' erfüllt waren die Schaaren ihrer Freunde nun.
„Gegessen und gezecht wacker! spendet! geniefst der Liebe froh!
„Trinket, singet, und seid fröhlich!“ dies war der Ruf in jedem Haus.
Hier und dorten erscholl Jauchzen, frohes Klatschen der Händ' erklang,
Von Freude und von Lust trunken war die gesammte Daitja-Stadt. —
So in mancherlei Spiels Freude flossen jenen die Jahre hin,
Den Daitja's, die nach Wunsch ändern die Gestalt, wie ein einz'ger Tag.

Zweiter Gesang.

Als verflossen die Festtage, zu erobern des Indras Welt
Versammelten ein Heer jene, welches beide befehligten.
Von den Freunden beabschiedet, von den Räthen und Ältesten,
Brachen sie auf zur Nachtstunde, als Heil kündete das Gestirn.
Mit einem grofsen Kriegsheere, pflichtkundigen, bewaffneten,
Mit Schwertern, Speeren, Streitkolben zogen die Daitja-Fürsten aus.
Mit segensreichen Lobsprüchen, Sieg verkündend dem Heereszug,
Gepriesen von den Luftgeistern gingen beide vergnügt voran.
In die Luft sich emporschwingend, naheten sie voll Kampfbegier,
Die Daitja's, die nach Wunsch wandeln, dem Wohnsitze der Himmlischen. 5
Als die Götter dies wahrnahmen, jenes Segens des Herrn bewufst,
Verliefsen sie den Drei-Himmel, naheten Brahma's hehrer Welt.
Als erobert die Welt Indra's jene, tödten in Menge sie,
Jakscha's, Rakschas und Luftwandrer, beide mit hoher Macht begabt.
Als besieget die zwei Helden der unterird'schen Schlangen Schaar,
Besiegten sie am Meerstrande alle Stämme der Mletscha's nun.
Zu besiegen bedacht waren die Gestrengen die Erde ganz,
Versammelten die Kriegsschaaren, sprachen die scharfe Rede dann:
„Durch Opfer steigern Fürst-Weisen und durch Spenden die Priester auch
„Der Götter Glanz und Kraft immer und deren Seligkeit fortan. 10
„Weil sie also gesinnt aber, sämmtlich Feinde der Asura's,
„Darum lafst uns vereint jetzo sie tödten mit vereintem Muth."
Also sämmtlich sie anweisend an dem östlichen Strand des Meers,
Den grausamen Beschlufs fassend, gingen sie jeder Richtung nach.
Wer ein Opfer vollbracht' irgend, Priester, welche verleiteten

Zum Opfer, tödten all jene, die zwei Helden, und gingen dann.
Ihre Krieger, beherzt griffen nach den ewigen Flammen sie
In den Hütten der Einsiedler, in das Wasser sie schleudernd hin.
Wenn Verwünschungen ausstieſsen zornig die Büſser, groſsen Geists,
Blieben fruchtlos die Machtsprüche, durch des Segens Gewalt gehemmt.
Als die Flüche nicht eindrangen, Pfeilen gleich gegen Felsenwand,
Entsagten ihrer Selbstbänd'gung und entflohen die Priester schnell.
Die in Büſsung erreicht hatten das Ziel, Herrscher der Sinnlichkeit,
Entflohn aus Furcht der zwei Brüder, Schlangen gleich vor des Adlers Wuth.
Zerstört waren die Wohnsitze des Walds, Opfergeräthe auch;
Verödet war die Welt sämmtlich, wie geschlagen vom Gott der Zeit.
Als verschwunden die Fürstweisen, die andächtigen Priester auch,
Übten Verheerung fort beide, die mordgierigen Asura's.
Elephanten-Gestalt nehmend, grimmiger, in der Zeit der Brunst,
Führten sie in die Wildnisse Jama's Reich, des Zerstörers, ein;
Bald in Löwengestalt wieder, Tiger bald und verschwunden bald,
Schlugen durch manche List jene, wo sie fanden, der Seher Schaar.
Ohne Opfer und Schriftlesung, ohne Priester und Könige,
Ohne heilige Festtage war die Erde zu schauen jetzt;
Von Weh erfüllt, vor Furcht bebend, ohne Verkauf und Kaufen auch,
Ohne Spenden der Gottheiten, reiner Ehen entbehrend auch,
Ohne Pflüger und Kuhhirten, zerfall'ner Städt' und Hütten voll,
Mit Knochen angefüllt, Schädeln, war die Erde gräſslich zu schaun;
Und die Welt von Gestalt furchtbar, war schreckvoll anzusehen nun.
Sterne, Planeten, Mond, Sonne, die Bewohner des Himmels auch
Waren bestürzt, die That sehend des Sundas und des Upasund.
Als besieget die zwei Daitjas alle Länder durch Schreckens-That,
Nach Kurukschetra dann gingen, ihrer Feinde befreiet, sie.

Dritter Gesang.

Aber sämmtlich die Gott-Weisen, Siddha's, die hohen Rischi's auch,
Waren von Sorg' erfüllt, sehend jene grofse Zerstörung um.
Jene Sieger des Zorns also, Sieger von Geist und Sinnlichkeit,
Gingen jetzo zu Urvaters Pallast, aus Mitleid um die Welt.
Hierauf sahn sie den Urvater, mit den Göttern, den sitzenden,
Von Siddha's und von Brahm-Weisen aller Seiten umgeben ihn.
Daselbst war Mahadew, Agnis und auch Wajus, der Winde Herr,
Indras, Sonne und Mond ferner, die Beschauer des Brahma dann.
Sunda's und Upasund's Thaten berichteten die Seher dort;
Was und wie sie's gethan hatten, was sie für Tapferkeit bewährt,
Dieses berichteten sie sämmtlich dem Urvater der Wesen all.
Als vernommen der Urvater der Versammelten Rede nun,
Einen Augenblick nach dacht' er über das, was zu machen sei.
Tod beschliefsend der zwei Brüder, rief er den Wiswakarman her.
Sehend genaht den Allbildner, gab er diesem Befehl sogleich:
„Eine reizende Magd bilde," also sprach der Erhabene.
Und den Urvater anbetend, dessen Rede beherzigend,
Bildet' ein himmlisch Weib jener, wohl erwägend im Geist die That.
Was es gibt in den drei Welten, stehendes und bewegliches,
Vereinigte zu schaun würd'ges der Allbildende hier und dort.
Tausendweise gepaart zierten Edelsteine den Körper ihr,
Solch ein Edelgesteinbildnifs schuf er, himmlischgestaltetes.
Jener mit grofser Mühwaltung vom Allbildner gebildeten
War von Frauen der drei Welten keine an Schönheit vergleichbar wohl.
Nicht ein Theilchen des Leibs gab es, so vollendet war die Gestalt,
Wo nicht gerne der Blick weilte der Bewohner des Himmels dort.
Schön wie Sri von Gestalt war sie, wunscherregender Reize voll,

Aller Wesen Verstand raubend und die Augen der Wesen all. 17
Diese redete, anbetend, Hände faltend, zu Brahma so:
„Was ist es für Geschäft, Herrscher, wefshalb ich jetzt gebildet ward?“ 19

Der Urvater:

Geh' und wecke, o Glücksel'ge, in Sundas und in Upasund,
Durch der holden Gestalt Anmuth, der Liebe heftige Begier! 20
Dafs durch deiner Gestalt Anblick und der Schöne Vollkommenheit
Die beiden sich entzwein mögen mit einander, das mache du!
„Ich thu's,“ so gab sie Zusage dem Urvater, anbetend ihn;
Rechts umwandelte dann jene die versammelten Götter dort.
Ostwärts gekehret safs Wischnus, gegen Süden safs Mahadew,
Nordwärts die unt'ren Gottheiten, und allwärts safsen Rischi's da.
Indem jene im Umkreise rechts umwandelte jene so,
Sahen Indras, der Gott-König, und Siwas stets entgegen ihr.
Als zur Seite sie ging, wurde dem sehr zu schaun begierigen,
Siwa'n, lotos-geaugt jetzo erzeugt ein südlich Angesicht. 25
Als sie westlich dahin schwebte, entstand ein westlich Antlitz ihm,
Als sie nördlich sich dann drehte, ward ihm ein nördlich Angesicht.
Tausend Augen bekam Indras, rückwärts, seitwärts und vorn vertheilt,
Rothwinkelig und grofs alle, zu allen Seiten, hier und da.
So wurde vier-geantlitzet Mahadewas vor alter Zeit,
So auch tausend-geaugt Indras, der Erleger des Balas dort.
Die versammelten Gott-Schaaren, die erhabenen Rischi's all,
Drehten dahin die Antlitze, allwo kreiste Tilottama.
Geheftet war der Blick einzig am schönen Leib der Apsaras,
Der versammelten Hochgeist'gen, nur des Urvaters Brahma nicht. 30
Als sie zur Erde ging, dachten Götter und hohe Rischi's all:
„Gethan ist das Geschäft jetzo!“ ob der Schöne Vollkommenheit.
Als Tilottama weg eilte, entliefs der Welten Herr sodann
Die versammelten Gottheiten sämmtlich, so wie der Rischi's Schaar.

Vierter Gesang.

Als die Erde besiegt hatten die zwei Daitja's, von Noth befreit,
Als sie geschreckt den Drei-Himmel, glaubten sie ihr Geschäft vollbracht.
Göttern, Gandharwen, den Jakscha's, den Schlangen, Fürsten und Riesen auch
Hatten sämmtliche Kleinode sie geraubt, höchst erfreut darob.
Als sie niemanden mehr fanden, der im Kampfe zu stehn bereit,
Ohne Geschäft anjetzt beide, freuten sie sich, den Göttern gleich.
An Frauen, süfsem Gedüft, Kränzen, an vortrefflichen Speisen auch,
Getränken mancher Art, schmackhaft, fanden grofses Entzücken sie.
In Gehölzen und Lustgärten, auf den Bergen, in Wäldern auch,
In Gegenden voll Reiz wandelnd, lebten sie wie Unsterbliche. —
Einstmals, auf Windhja's Bergrücken, wo glatt und eben das Gestein,
Wo Bäum' in schöner Blüth' prangten, überliefsen sie sich der Lust.
Prächt'ge Sitze gebracht waren dahin, herrliche, himmlische,
Worauf vergnügt sich hinsetzten beide, von Frau'n umgebene.
Mit Musik und im Tanz nahte dort den Daitja's der Frauen Schaar,
Mit Gesang und mit Lobpreisung kamen in Wonne sie herbei.
Aber Tilottama jetzo, Blumen sammelnd im Walde dort,
Verführerischen Schmuck tragend, mit einem einz'gen rothen Kleid,
Karnikara's, an Stromufern entsprossene, sich sammelnd nun,
Langsam, langsam zum Ort kam sie, wo sie safsen, die Asura's.
Berauscht von edlem Trank beide, glüheten ihre Augen roth.
Als sie sahen die Schönhüft'ge, überwältigte Staunen sie.
Von ihren Sitzen aufspringend, eilten sie hin, wo jene stand.
Von Liebe ganz berauscht beide, warben beide zugleich um sie;
Bei der Rechten ergriff Sundas die schöngeaugte Apsaras,

Und bei der linken Hand fafste Upasundas Tilottama'n.
Von dem Segen berauscht beide, wie von der ungeheuren Kraft,
Im Rausche ihres Reichthumes, so wie im Rausche des Getränks,
Von all' diesem berauscht beide, furcheten ihre Brauen sie,
Vom Rausch der Lieb' übermannt beide, sprachen so zu einander sie:
„Meine Gattin und dir Schwäg'rin," so sprach Sundas zum Bruder dort,
„Meine Gattin und dir Schwäg'rin," also sprach Upasundas auch.
„Nicht die deine, die mein' ist sie," hierbei wurden sie wild ergrimmt;
Berauscht von ihrer Gestalt Anmuth, aller Freundschaft vergessende,
Ergriffen ihre Streitkolben, zwei furchtbare, um jene sie.
Als geschwungen die Streitkolben, von der Liebe zu ihr betäubt,
„Ich zuerst, ich zuerst" sprechend, tödtet einer den andren so.
Getroffen von den Streitkolben, stürzten sie hin, die Schrecklichen,
Blutumflossen, wie zwei Sonnen, die vom Himmel gefallen sind.
Geschreckt flohen die Frau'n jetzo und die Schaaren der Daitja's auch,
Sich zu der Hölle all flüchtend, von Bestürzung und Furcht erfüllt.
Aber der Welten Urvater, mit Göttern, hohen Rischi's auch,
Kam er herbei, der Reingeist'ge, um zu ehren Tilottama'n,
Einen Segen ihr zusagend, der Urvater, erhaben er.
Es wählete die Glanz-Welten, die leuchtenden, Tilottama.
Da sprach gnädig der Urvater zu ihr mit schönen Brauen dort:
„Sonnumwandelte Welträume wirst du bewandeln, Herrliche!
„Ob deines Glanzes wird keiner dich recht zu schaun vermögend sein."

Als den Segen verliehn hatte der Urvater der Welten all,
Gab er Indra'n den Drei-Himmel und ging auf zu der Brahma-Welt.

Anmerkungen

zu

ARDSCHUNA'S HIMMELREISE

und anderen Episoden

des

MAHA-BHARATA.

Arǵuna's Himmelreise.

(*Indralôkâbigamanam:* Mahâb. III, 1714 ff.)

Gesang I.

Ślôka 1—10. — 1b. Calc. *°ratam prati.* — 3a. Schol. *pâtayan dvidâ kurvan.* — Die wörtliche Uebersetzung von śl. 4—7, welche in der metrischen Uebersetzung ausgelassen sind, ist folgende: „Schwerter, furchtbare Speere und Streitkolben schrecklichen Ansehens und himmlische Macht habende Wurfspiefse und Blitze grofsen Glanzes waren daselbst (auf dem Wagen) und ebenso Donnerkeile, Discus-verbundene, fliegende Bälle, Wind-erregende, mit Windstöfsen verbundene und den Schall einer grofsen Wolke habende. Daselbst waren Schlangen grofsen Körpers, flammenden Antlitzes, sehr schreckliche, ferner gehäufte Edelsteine, der Spitze einer weifsen Wolke ähnlich. — 5a. Calc. *ćaí 'va* für *tatra.* Ferner lesen für *bulâ guḍâh* der Pariser Handschrift die mit Nîlakaṇṭa's Scholien versehenen Handschriften und die Calc. ed. *tulâguḍâh* und dies wird vom Schol. erklärt durch *bâṇḍagôlakâh* Gefäfsbälle. — 7a. Calc. *daśarâgi°.* 7b. Schol. *nêtramušan dṛṣṭićôram.* — 9a. lies: *taptahêma°.*

Ślôka 10—20. — 14. Calc. *ârôha tvam.* — 16b. lies: *dâivatâir.* — 17b. Calc. *êva ća.*

Ślôka 20—30. — 20a. Schol. *âplutah snâtah.* — 22a. Calc. *puṇyaśîlânâm.* 22b. lies: *svargamârga°.* — 24a. lies: *tîrtavan.* — 25a. lies: *nadyah.* — 26. Die erste Hälfte dieses śl. fehlt in der Pariser Handschrift und ist auch in der Uebersetzung aus Versehen ausgelassen; der Sinn ist: „und sehr wohlriechende Früchte sind gegessen worden (von mir) hier und da (überall)." — 27b. Calc. *naga.* — 28a. lies: *tavâhkê.* Schol. *lalitan krîḍitam.*

Ślôka 30—40. — 30a. Calc. *dyôtayann* und dem entsprechend die Formen in 32. 33. — 31b Calc. *darmaćâriṇâm.* — 34a. lies: *sumahânty.*

Schol. *viprakṛṣṭatvât dûratvât sumahânty api tanûni sûkšmâṇi dṛśyantê.* — 34[b.] Calc. *prabâsvanti.* — 35[a.] Schol. *d'išṇyêšu stânêšu.* — 36[a.] Calc. *ǵitaṅ svargaṅ.* — 37[b.] Schol. *lôkân âtmaprabân âtmanâ sûryâdivat prabânti tân âtmaprabân.* — 39[b.] *viǵayinaṅ*, so die Pariser Handschrift. Die mit Nilakaṇṭa's Scholien versehenen (und die Calc. ed.) haben *vâiǵayinaṅ*. Der Commentar erwähnt die Verschiedenheit der Lesarten.

Ślôka 40 ff. — 40[a.] lies: *kâilâsam.* — 41[b.] Calc. *atiḱakrâma.* — In der Schlusszeile lies *itîndra°* und so durchgehends.

Gesang II.

Ślôka 1—10. — 1[a.] Calc. *sa dadarśa.* 1[b.] Calc. *sarvartukusumâiḱ.* — 3[a.] *vanaṅ divyam.* — 4[b.] lies: *°muḱâiḱ.* — 6[a.] Calc. *draśṭuṅ śakyaḱ.* — 7[a.] Calc. *°ninâditam.* — 8[b.] Calc. *tadâ.*

Ślôka 10—20. — 14[b.] Calc. *ḥâḥâḥûḥû.* — 15[b.] Calc. *dêvarâǵaṅ śatakratum arindamaḱ.* — 16[b.] Calc. *dêvêśam.* — 18[b.] Calc. *°sâmasambavâiḱ.*

Ślôka 20—30. — 20[a.] Calc. *°śêvitê.* — 21[b.] Schol. *praśrayâvanataṅ vinayêna prahvîbûtam.* — 22[b.] Calc. *ad'yakrâmad.* — 24[a.] Calc. *pramârǵyamânaḱ.* 24[b.] lies: *ǵyâśarakšêpakaṭinâu.* — 25[b.] tilge *hi* und lies: *°ḱandiḱ.* — 26[a.] Calc. *prêkšyamâṇaḱ.* — 28. Der Schol. erklärt in a. *sâmnâ* durch *prityâ*, *valgunâ* durch *ramyêṇa*, in b. *gîta* durch *âmantrôparigâna*, *sâman* durch *mantrôparigâna.*

Ślôka 31[a.] Calc. *tatra sahasraśaḱ.*

Gesang III.

Ślôka 1—10. — 4[a.] Calc. *astraṅḱa duḱsaham.* 4[b.] lies: *°lakšaṇâḱ.* — 6[a.] Calc. *kṛtâstraṅ.* — 7[a.] Calc. *°vihitaṅ.*

Ślôka 10[a.] Calc. *upâgamya.* 10[b.] Calc. *nṛtyaṅ.*

Gesang IV.

Ślôka 1—10. — 3[a.] Calc. *vidyayâ.* 3[b.] Calc. *°viśâradaḱ.* — 9[a.] lies *°âḱyâna°.* Calc. *sâṅgôpanišadân.*

Slôka 10 ff. — 10ᵃ· Der Schol. erklärt *brahmaćarya* durch *upastanigraha, prasavâir dvê mâtuḥ kulê dvê pituḥ tâiś ćaturbiḥ*, *vayasâ* durch *yâuvanêna*. — 11ᵃ Calc. °*lakiyaḥ*. — 13ᵃ Calc. °*varunôpamaḥ*. 13ᵇ· Der Schol. erklärt *svargapalam* durch *tvatsangam*. — 14ᵇ· Calc. *tad êvaṅ*. — 15ᵇ· Calc. *prityá*. 16ᵃ· Calc. *satyô* für *sarvô*. 16ᵇ· Calc. *taṅ śrutvá 'vyalayam puṅsô vṛṇuyâṅ kim ato 'rǵunam*. In der Anmerkung der ersten Auflage wird vorgeschlagen *vṛṇuyâṅ kim ṛtê 'rǵunam* zu lesen und zu übersetzen: welche ganze Beschreibung von dessen Tugenden mir gemacht worden von dir, diese gehört habend vorhin, die ersprieſsliche, was kann ich auſser Arǵunas wählen.

Gesang V.

Slôka 1—10. — 2—4. Die Construction ist etwas verwickelt und gezwungen, würde aber natürlicher werden, wenn man den zweiten Vers des dritten Slôka seine Stelle mit dem folgenden Verse vertauschen lieſse. In jedem Falle muſs man in dieser Ordnung übersetzen: „Mit reizendem Badeschmuck und wohlriechenden, sehr glänzenden Blumenkränzen, durch D'anańgaya's Gestalt mit ganz durchbohrtem Herzen von Manmata-geschleuderten Pfeilen, die von Manmata angetriebene (Urvaśi), die wohlgesinnte, mit Geist, Entschlieſsung und Gemüth keinen anderen Gedanken habende, wie belustigend (um zu belustigen) auf einem mit himmlischer Ausbreitung ausgebreiteten, groſsen, vortreffllichen Bette den zum Entzücken gekommenen P'âlgunas." — Die Calc. ed. liest in 3ᵃ· *pradipitá*, in 4ᵃ *svaćitta*°, in 4ᵇ· *ramaty ênaṅ hi*. — 6ᵃ· lies: °*kuńćita*°. — 7ᵇ· Schol. *âhvayantî 'va spardd'ayá êhi yud'yâvahê iti vadantî 'va*. — 9ᵃ· Calc. *nămyamánâ*. 9ᵇ· Calc. *śôbiná*.

Slôka 10—20. — 10ᵇ· Calc. °*bûšitam*. — 11ᵃ· lies: °*vyâǵâta*°. — 11ᵇ·—15. In der Uebersetzung ist hier mehreres ausgelassen und abgekürzt; die wörtliche Auslegung ist folgende: „Ein feines Gewand tragend glänzten die Hüften in Schönheit. Die beiden Füſse mit verborgenen Knöcheln, mit rothen, langen Zehen, wie einer Schildkröte Rücken gewölbt, mit Schellen (geziert), glänzten. Mit ein wenig Sid'utrank, mit Heiterkeit und mit Berauschung und mit mannigfaltigen Tändeleien war sie sehr würdig gesehen zu werden von Siddʼaʼs, Cârapaʼs und Gandʼarvaʼs, sie, die gehende, die tändelnde, in dem viele Wunder enthaltenden Himmel (war sie) von der reizendsten Gestalt, mit einem sehr feinen Oberkleide, wolkenfarbigem, glänzendem gehend wie am Himmel ein Wolken-verhüllter Mondesstreif." — 11ᵇ· Calc. *niravadyavat.* — 12ᵃ· lies: *gûḍa*°. — 13ᵃ· Calc. *tuṣṭá ʼta.* — 14ᵇ· Calc. *darśanîya*°. — 17ᵇ· Calc. *śubalôćanâ.* — 18ᵇ· lies: *pratyudgaććata.* — 19ᵇ· Calc. *tadâ ʼbiradanaṅ.*

Ślôka 20—30. — 20ᵃ· Calc. *abivâdê.* — 22ᵇ· Calc. *tê ʼhaṅ sampravakśyâmi.* — 23ᵇ· lies: *tavâ ʼʼgamanató.* — 26ᵇ· Calc. *agnisômârkavarśmasu.* — 27ᵃ· lies: *viṇâsu.* — 28ᵇ· Calc. *tatra dṛśṭavân.* — 29ᵇ· lies: *gatâk.*

Ślôka 30—40. — 30ᵃ· Calc. *viśiśṭâh svagṛhaṅ.* — 33ᵇ· Calc. *êva.* — 38ᵇ· Calc. *tvam api.* — 39ᵇ· Calc. *kâraṇapûrvaṅ.*

Ślôka 40—50. — 41ᵃ· Calc. *dyâtum.* 41ᵇ· Calc. *gurutarâ* und °*varddʼinî.* — 42ᵃ· Calc. *anâvṛtâśâ.* — 44ᵃ· Calc. *visarǵayitum.* — 48ᵇ· Calc. *brukuṭîvaktrâ.*

Ślôka 50—60. — 52ᵃ· lies: *tvaramâṇaś.* Calc. *ćitrasênam arindamah.* 52ᵇ· Calc. *yaṫâ taṫâ.* 52ᵃ· Calc. *ćitrasênâya.* — 53ᵃ· Calc. *tatra ćâi ʼvaṅ.* — 55ᵃ· Calc. *tvayâ putrêṇa sattama.* — 56ᵃ· *yat tu dattavati.* — 57ᵃ· *bavadbir.* 57ᵇ· *taṅ tatra.*

Ślôka 62ᵇ· Calc. *vyapagatamadadambarâgadôśâs tridivagatâ ʼbiramanti.*

Hiḍimbaʼs Tod.

(Mahâb. I, 5874.)

(Hierzu lag aufser den Anmerkungen zur ersten Auflage noch ein später veranstalteter Abdruck des Textes in lateinischer Transcription vor mit dem Titel: ‖hiḍimbabadʼah‖ [Hiḍimbaʼs Tod]. Aus dem Mahâbârata. Berlin, Akademische Buchdruckerei 1863. 8°.)

Gesang I.

Die wörtliche Uebersetzung von Ślôka 1—21, welche metrisch nicht übertragen sind, lautet:

„Die Pâṇḍava's aber, herausgegangen aus der Stadt Vâraṇâvata, zum Flusse Gaṅgâ gelangt, sechs mit ihrer Mutter, die große Stärke besitzenden, durch die Schnelligkeit der Hände der Diener und des Flusses Strom-Wasser und günstigen Wind gelangten sie schnell zum jenseitigen Ufer. Hierauf, nachdem sie das Schiff verlassen hatten, gingen sie südwärts, indem sie bei Nacht den Weg erkannten, den durch der Sterne Schaar erleuchteten. Strebend kamen sie, o König, zu einem unwegsamen Walde. Hierauf sprachen, ermüdet, von Durst geplagt, vor Schlaf blind, die Pâṇḍu-Söhne wiederum zu dem mit großem Heldenmuth begabten Bʼîmasênas diese Rede: „Was gibt es wehvolleres als dies, daß wir in dem unwegsamen Walde die Weltgegenden nicht erkennen und auch zu gehen nicht im Stande sind und nicht wissen, ob jener sündhafte Purôćanas verbrannt ist. Wie mögen wir befreit werden von dieser Furcht, unentdeckt? Wiederum nimm uns auf und so gehe, o Bʼâratas! Denn von uns bist du allein stark, so wie der Gott des Windes." So angeredet vom Gerechtigkeits-König, Bʼimasênas, der Starke, aufgenommen habend Kuntî und die Brüder, ging er schnell, der Starke. Durch diesen Schreitenden wurde der durch der Schenkel Schnelligkeit bewegte, mit Bäumen und Aesten versehene Wald wie umgewendet. Ein Wind der Schenkel desselben erhob sich, wie beim Nahen der Monate Śući und Śukra. Umgerissener rankender Pflanzen und Bäume voll machte er den Weg, der Starke. Aufgewachsenen, blühenden, mit Früchten versehenen Bäumen ähnliche Stauden, an seinem Wege entsprossene, beschädigend, ging er, er, wie ein erzürnter, ergrimmter, im Walde große Bäume brechender, starker, sechzigjähriger Elephanten-König, dem an drei Stellen Saft entfließt. Durch die Schnelligkeit dieses gehenden, Garuḍa's und Windes Schnelle besitzenden Bʼîmas entstand Betäubung gleichsam der Pâṇḍu-Söhne. Nach mehrmaligem Uebersetzen des Fernuferigen (Ganges), durch der Hände Schwimmen, schmiegten sie sich dem im Wege gehenden an, aus Furcht vor Dʼṛtarâšṭra's Sohn, damals. Und mit Beschwerde trug er die Mutter, die sehr zarte, die ruhmvolle, auf dem Rücken, an Ufern und unebenen Stellen. Und er kam zu einer Waldgegend, die an Wurzeln,

Früchten und Wasser arm, durch furchtbare Vögel und Wild schrecklich, am Abende, o Fürst der Barata's. Eine schreckliche Dämmerung entstand, grauenvoll für Wild und Vögel, finster waren alle Weltgegenden bei unzeitlichen Winden. Vor gefallenem Laub und Früchten, o König, vor vielen Sträuchen, Stauden und Bäumen, vor mannigfaltigen, meistens gebrochenen, gebogenen, überhäuften Bäumen und von Müdigkeit und Durst geplagt, konnten sie, die Abkömmlinge Kuru's, nicht gehen damals und wegen des vermehrten Schlafes. Sie traten ein sämmtlich in einen unfreundlichen, grofsen Wald."

Śloka 1—10. — 1^{a} Calc. *nirgatya.* — 2^{a} Calc. *srôtôǵavêna.* — 7^{a} Calc. *kaťań tu.*

Śloka 10—20. — 10^{b} Calc. *vavâu.* — 11^{a} Schol. *âvarǵitalatâvṛkšań samîkṛtâḱ latâḱ vṛkšâśća yasmin.* 11^{b} Calc. *sa gṛhṇan.* — 12^{b} lies: *baṅǵan.* — 13^{a} Schol. *triḱpraśrutamadaḱ trišu gaṇḍakarṇamûlaguhyadêśêšu praśrutô madô yasya | śušmî têǵasvî |.* 13^{b} Calc. *târkšya°.* — 14^{b} Schol. *dûrapârań gaṅgâpravâhạm | buǵaplavâiḱ buǵâbyâm plavanâiḱ |.* — 15^{a} Calc. *pati praććannam.* — 17^{a} Calc. *°mṛgań ǵôrań.* — 18^{a} Schol. *anârtavâiḱ utpâtarûpâiḱ |.*

Śloka 20—30. — 23^{a} lies: *gamanâyô°.* — 24^{b} Calc. *baratarśabaḱ.* — 25^{b} lies: *ruvanti.* — 28^{a} Calc. *artê ća.* Hinter diesem Halbverse folgen in der Calc. ed. noch zwei Śloka's, deren erster in den späteren Textabdruck aufgenommen worden ist: *uttarîyêṇa pâṇîyam anayâmâsa bârata | gavyûtimâtrâd âgatya tvaritô mâtaram prati | śôkaduḱkaparîtâtmâ niśaśvâsôragô yaťâ | sa suptâm mâtarań dṛšṭvâ brâtṝńśća vasuďâtalê |.* — 29^{a} für *tu* lies: *ḥi.*

Śloka 30—40. — 30^{a} Calc. *parârdďêšu.* — 31^{a} Calc. *°saṅǵâvamardinaḱ.* 31^{b} Calc. *kuntîrâǵa°.* — 32 und 34 sind in der metrischen Uebersetzung übergangen und bedeuten wörtlich: „Vićitravîrya's Schnur, des grofsgeistigen Pândus Gattin, ferner auch unsere Erzeugerin, wie der Leib eines weifsen Lotos glänzend." — „Die von Darmas und Indras und Vâtas diese Söhne geboren hat, diese schläft ermüdet auf dem Boden, die in Palästen zu schlafen geeignete. — 35^{a} Calc. *kiń nu.* — 36^{a} Calc. *ďarmanityô.* — 37^{b} Calc. *nu kim.* — 38^{a} Calc. *yâv imâu.*

Ślôka 40—50. — 40ᵇ· Wörtlich: „Der Ćâitya ist verwandtschaftslos, verehrungswürdig, hochgeehrt." — 46ᵇ· *sakarṇânuġasâubalam* mit Karṇas, den Nachgeborenen und Saubalas (Śakunis, dem Sohne des Subalas). Calc. hat *nanv adya.* — 47ᵇ· Calc. *kiṅ nu.* Calc. *yat tê na* (diese Lesart wird auch in der Anm. der ersten Auflage zu dieser Stelle vorgeschlagen, in dem späteren Abdruck aber steht wieder *yat têna).* 49ᵃ· Calc. *karêṇa nṛ̀piṅya.*

Ślôka 50 ff. — 51ᵃ· Calc. *nâ 'tidurêṇa.* Calc. *asmâd ďi lakśayê.* 51ᵇ· lies: *ġâgartavyê.*

Gesang II.

Ślôka 1—20. — 1ᵃ· lies *hiḍimbô* und so durchgehends mit *ḍ.* — 4ᵃ· Calc. *mahâvṛkśagala°.* — 7ᵇ· fehlt in ed. Calc. — 9ᵇ· und 10ᵃ· Wörtlich: „Die acht Zähne mit scharfen Spitzen, deren Andrang schwer zu ertragen ist, werde ich nach langer Zeit in die Körper eintauchen, in das ersehnte Fleisch. — 11ᵃ· lies: *pênilaṅ ruďiram bahu.* 11ᵇ· Calc. *tv êtê.* — 17ᵃ· Calc. *sâ gatvâ.* 17ᵇ· für *tu* lies *ća.*

Ślôka 20—30. — 20ᵃ· Calc. *ƀrâtur vaćô.* Schol. *krûrôpasaṅhitaṅ hiṅsâyuktam* |. 20ᵇ· Calc. *'tibalavân.* — 21ᵃ· Calc. *muhûrtam êva.* — 23ᵃ· Calc. *laġġamânê 'va lalanâ.* — 24ᵃ· Calc. *kaśćâ 'si.*

Ślôka 30 ff. — 32ᵃ· Calc. *ġyêśṭaṅ sukasuptân kaťaṅ tv imân.* — 33ᵇ· lies: *madvidaḣ.*

Gesang III.

Ślôka 1—10. — 2ᵇ· Schol. *mêġasaṅġâtavarśmâ atikṛiṇaśarîraḣ* |. — 6ᵇ· Calc. *vô vihâyasâ.* — 7ᵃ· Calc. *pṛtususrôṇi.* 7ᵇ· Calc. *prêkśantyâs.* — 9ᵇ· Calc. *saṅhataṅ.*

Ślôka 10—21. — 11ᵇ· Wörtlich: „Gesehene Uebermacht habend, durch mich, ist der Râkśasas vor Menschen (d. h. ich habe gesehen, daſs der Râkśasas stärker ist als die Menschen). — 13ᵃ· lies: *avêkśamâṇas.* — 16ᵃ· lies: *ƀaginyâḣ.* — 21ᵃ· Calc. *samprêkśya.* — In der Schluſszeile lies *tṛtiyaḣ* und so durchgehends.

Gesang IV.

Ślôka 1—10. — 5ᵇ· lies: *nâi 'śâ 'parâdyati.* — 6ᵃ· Calc. *nê 'mâṅ.* — 7ᵇ· Calc. *ahaṁ êkô.* — 9ᵃ· Calc. *śyênâ gômâyavas.* — 9ᵇ· Calc. *buvi saṅhṛtâ.*

Ślôka 10—20. — 13ᵇ· Calc. *kṛtvâi 'tat.* — 14ᵃ· Calc. *yaććâ 'py âtmânaṅ saparâkramam.* — 15ᵇ· Calc. *°vadam.*

Ślôka 20—30. — 22ᵃ· Calc. *bgasâ.* — 23ᵃ· Calc. *ćakarśatus tadâ.* 23ᵇ· Calc. *iva ća.* — 24ᵃ· lies: *nararśabâh.* — 27ᵇ· lies: *ćâ ''gamanaṅ.* 28ᵃ· Calc. *vanasya tvaṅ.*

Ślôka 30—40. — 31ᵃ· Calc. *âgatâ tv iha.* 31ᵇ· Calc. *navahêmâṅgaṅ.* — 34ᵇ· lies: *sarvâṅs.* — 35ᵇ· lies: *balâd itô.* Calc. *vyapanîtô.* — 36ᵃ· Calc *mahâvêgau.* 36ᵇ· Calc. *pasyâi 'tâu. ća nararâkśasâu.*

Ślôka 40—50. — 41ᵃ· lies: *kliśyamânaṅ.* für *tu* liest Calc. *ća.* 41ᵇ· Calc. *uvâćê 'daṅ vaćaṅ.* — 44ᵇ· lies: *°bâhvantaram.* — 47ᵇ· Schol. *sâram balam arpaya nipâtaya.* — 48ᵃ· Calc. *rośâg gvalann.* — 49ᵇ· Calc. *śatagunaṅ tadâ.*

Ślôka 50 ff. — 50ᵃ· Der Schol. erklärt *vṛdda* durch *dîrgatvaṅ gata.* 50ᵇ· Calc. *bavisyati.* — 51 fehlt in der Uebersetzung und den Pariser Handschriften und bedeutet wörtlich: Glück werde ich heute machen, dafs, der Wald feindelos. Nicht wirst du wieder Menschen, getödtet habend essen, o Râkśasas. — 54ᵇ· lies: *paśumâram.* — 55ᵃ· Calc. *vipulaṅ svanam.* 55ᵇ· lies: *pûrayaṅs.* — 56ᵃ· für *tam* liest Calc. *tu.* — 57ᵃ· Calc. *saṅhṛtâs.* Nach 57ᵇ· folgt in der Calc. ed. *abipûgya mahâtmânam bîmam bîmaparâkramam.* — 58ᵇ· Calc. *na dûrê.* — 59ᵃ· Calc. *tataḥ sarvê tatê 'ty uktvâ mâtrâ saha.*

Des Brahmanen Wehklage.

(Mahâb. I, 6109.)

Gesang I.

Ślôka 1—10. — 2ᵃ· Calc. *puruśarśabâh.* 2ᵇ· Calc. *tatrâ ''stê.* — 4ᵃ· Calc. *rôrûyamâṇâṅs.* — 5ᵃ· Calc. *maṅyamânêna.* — 7ᵃ· Calc. *kiṅ nv aham.* 7ᵇ· Der

Schol. construiert: *gṛhê sukam usitâh* die im Hause vergnügt wohnenden. — 8ᵃ Schol. *kṛtaṅ na naśyati pratyupakâraṅ vinâ nâ 'vasîd iti êtâvân êva puruśô na tv anyah* |. — 9ᵇ bedeutet wörtlich: wenn ich darin (in diesem Leid) ihm Beistand leiste, so wird dieses ein Gegendienst sein.

Ślôka 10—20. — 11ᵃ Calc. liest für *tu* : *ća*. — 12ᵇ Calc. *badďavatsê 'va*. — 13ᵇ Calc. *dadarśâ 'vanatânanam*. — 16ᵃ Calc. *ćâi 'va*. 16ᵇ Calc. *param anantakam*. — 19ᵇ Calc. *prâdravêyam*.

Ślôka 20—30. — 20ᵃ Calc. *yatitam*. 20ᵇ Calc. *kśêmaṅ yatas*. — 22ᵃ Calc. *svargatô 'pi*. — 26ᵃ Calc. *gârhasťa*°. — 27ᵃ für *mama* liest Calc. *api*. 27ᶜ Calc *śakśyâmi* und ebenso im folgenden Verse.

Ślôka 30 ff. — 33ᵇ Calc. *buďâih*. — 35ᵇ Calc. liest für *tu* : *ća*.

Gesang II.

Ślôka 1—10. — 1ᵇ Schol. *vâidyasya vidyâvatah*. — 2ᵇ Calc. *avaśyambhâ*°. — 3ᵇ Calc. *subudďyâ* und *ća* für *vâi*. 5ᵃ Calc. *tavâ 'pi 'daṅ*. Der Schol. nimmt *tatra* hier in dem Sinne: deswegen, d. h. des Wohles des Gatten wegen: *bartṛhitanimittam*. — 7ᵇ Calc. *kṛtâ 'ham anṛṇâ tvayâ*. — 8ᵃ Calc. *ćâ 'pi*.

Ślôka 10—20. — 16ᵇ Calc. *vêdaśrutiṅ yaťâ*. — 17ᵃ Calc. *upavṛṅhitâm*. 17ᵇ *harêyus tê*.

Ślôka 20—30. — 22ᵇ Calc. *saputrâṇâm*. — 26ᵇ *ćâ 'pi*. Hinter 26 folgen in Calc. folgende zwei Ślôka's: *âpadarťê ďanaṅ rakśêd dârân rakśêd ďanâir api | âtmânaṅ satataṅ rakśêd dârâir api ďanâir api ‖ dṛśţâdṛśţapalârťaṅ hi bâryâ putrô ďanaṅ gṛham | sarvam êtad viďâtavyam buďânâm êśa niśćayah*. — 27ᵃ Calc. °*varddana*. 27ᵇ Calc. *buďânâm*. Der Schol. erklärt *âtmanâ samaṅ sarvaṅ nê 'ti | buddďânâm êśa niśćayah*. — 29ᵃ Calc. *abaďyâṅ striyam*.

Ślôka 30 ff. — 30ᵃ Calc. *niḣsaṅśayam*. — 31ᵃ Calc. *mahân*. — 34ᵃ Calc. °*patnîkatâ*.

Gesang III.

Ślôka 1—10. — 1a. Calc. *atimâtraṅ.* 1b. Calc. *°parîtâṅgî.* — 2a. Calc. *rôrûyêtâm.* — 3a. Calc. *parityâġyâ.* — 4b Calc. *asminn.* Schol. *plavavat nâukayê'va mayâ taradvaṅ duḱkanadîm iti.* — 5a. *prîtya bârata.* — 6a. Calc. *mayi nityam.* 6b. Calc. *tat.* — 8a. Calc. *tâtê 'pi.* — 9b. lies: *mriyêyam.*

Ślôka 10—20. — 10a. lies: *nirmuktê.* — 11a. Calc. *tu.* — 12b. Calc. *kṛpaṇâ sadâ.* — 15a. Schol. *prasavârtaṅ vaṅśârtam.* — 17a. Calc. *no ataḱ.* 17b. Calc. *°ḋâvêmahi.* — 18b. Schol. *amṛtê 'va ġîvanti 'va iha lôkê kîrtêḱ sattvât.* — 19a. lies *naḱ.* Calc. *itaḱ pradânê.* Der Schol. erklärt: *asmin râkśasâhârâya kanyâdânê durdânatvât.* Die wörtliche Uebersetzung des ganzen Ślôka ist: Alsdann werden wegen der Gabe die Götter und Ahnen — so ist von uns gehört — durch das von dir gespendete Wasser zum Wohle sein (sie werden glücklich, zufrieden sein).

Ślôka 20 ff. — 20b Calc. *prarurudus.* — 21a. *sutas tadâ.* — 22a. lies *svasas.* Calc. *pitaḱ krandâ.* 22b. Calc. *anusarpati.*

Sundas und Upasundas.

(Mahâb. I, 7619.)

Gesang I.

Ślôka 1—10. — 4a. Calc. *°sammatâu.* — 5a. Calc. *ġagmatuḱ.* — 6a. Calc. *dvidâi 'vâi 'kô 'bavat kṛtaḥ* (lies: *dvidê 'vâi°*). — 7b. Calc. *tâv ugraṅ.* — 8a. Calc. *pûrvêṇa.* — 9a. lies: *malôpa°.* 9b. Calc. *ġuhvantâu* und *°dîkśitâu.*

Ślôka 10—20. — 10a. Calc. *dṛtavratâu.* — 12a. lies: *ćakrirê.* — 14a Calc. *tayośćâ 'tmaġanas.* — 15a. Calc. *brahmâbaraṇavâsasaḱ.* 15b. Calc. *viḱukruśuḱ.* — 17a. Calc. *bûtanấća.* — 18a. *°lôkahitaḱ prabuḱ.*

Ślôka 20—30. — 22b. Schol. *yênâ 'maratulyatvam bavêt tâdṛśaṅ vidânaṅ vṛṇîtaṅ ġnâpayatam* |. — 23a. Calc. *abyudyataṅ tapaḱ.* Schol. *prabariśyâvaḱ prabutvam âiśvaryaṅ kariśyâvaḱ* | *yatkâmô yad ârabêt tatsamâptâu tad êva labatê.* — 26ᵃ Calc. *êtañ.* — 27ᵃ Calc. *êtat tadâ.* 27ᵇ Calc. *tapasas tâu ća.*

Ślôka 30 ff. — 30ᵃ Calc. *ǵaṭâm.* — 31ᵃ Calc. *sârvakâlikîm.* — 32ᵃ Calc. *nityam* für *ćâi 'va.* 32ᵇ Calc. *ǵîyatâm pîyatâñ ćê 'ti śabdaśćâ "sîd.* — 33ᵃ Calc. *utkṛśṭa°.* Schol. *talanâditaiḱ karatalaḋvaniḃiḱ* |. — 34ᵇ Schol. *samâḱ bahûni varśâṇi* |.

Gesang II.

Ślôka 1—10. — 1ᵃ *°lôkyâkâṅkśiṇâv.* — 2ᵃ Calc. *apy anuǵnâtâu dâityâir.* — 2ᵇ Calc. *prâśtâ°.* — 3ᵇ Calc. *varmiṇyâ.* — 5ᵃ Calc. *utplutya.* 5ᵇ Calc. *yudḋa°.* — 7ᵃ Calc. *nirǵitya* und *tadâ.*

Ślôka 10—20. — 10ᵃ lies: *dviǵâtayaḱ.* — 12ᵃ Calc. *pûrvatîrê.* — 15ᵃ Calc. *yê.* 15ᵇ Calc. *nâ 'krâmanta*, ebenso im folgenden Verse. — 16ᵇ Calc. *niyamân sampari°.* — 17ᵃ lies: *pṛtivyâñ.* — 18ᵃ Calc. *°kîrṇakalaśasravâiḱ.* — 19ᵃ Calc. *tatô râǵann adṛ°.* Der Schol. erklärt *adṛśyat* durch *antarhita.*

Ślôka 20 ff. — 23ᵇ Calc. *°dâiva°.* — Nach 24 folgt in ed. Calc. der Halbvers: *nivṛttapitṛkâryańća nirvaśaṭkâramaṅgalam.* — 25ᵃ *ća* fehlt in ed. Calc. 25ᵇ Calc. *grahâs târâ.*

Gesang III.

Ślôka 1—10. — 1ᵇ Calc. *tadâ parâm.* — 2ᵃ Calc. *'ḃiǵagmur.* — 4ᵇ Calc. *pârameśṭyâs.* — 5ᵃ Calc. *vâlikh°.* 5ᵇ Calc. *ćâi 'vâ 'vi°.* — 7ᵃ lies: *śaśaṅsirê.* Calc. *sarva êva.* 7ᵇ Calc. *yatâhṛtañ yatâćâi 'va.* — 8ᵃ Calc. *pitâmahê.*

Ślôka 10—20. — 10ᵃ *ća niśćayam.* 10ᵇ *âhrayat.* — 13ᵃ lies: *kińćid.* 13ᵇ Calc. *viśćarit.* — 16. Wörtlich: weil an dem Körper derselben nicht ein Theilchen war wegen der Vollkommenheit der Gestalt, wo nicht, hingerichtet, der Blick haftete der Himmelsbewohner. Calc. liest in b. *nirîkśatâm.* Der Schol. erklärt: *tasyâḱ gâtrê sûkśmam api tadaṅgañ nâ 'sti* | *yać-*

ćabdas tadarćê rûpasampadâ hêtubûtayâ yatra niyuktâ nirîkśatâṅ dṛśṭir na saǵǵati 'ti sambanďaḥ.

Ślôka 20—30. — $21^{a.}$ Calc. *tvatkṛtê.* — $24^{a.}$ Calc. *kurvatyâ tam.* — $25^{b.}$ Calc. *°padmâkśaṅ.* — $26^{a.}$ Calc. *°vartantyâ.* — $28^{a.}$ lies: *sťâṇur.*

Ślôka $30^{a.}$ Calc. *dṛśťis têśâm.*

Gesang IV.

Ślôka 1—10. — $1^{b.}$ Der Schol. erklärt *avyagra* durch *nirviśêśa.* — $3^{a.}$ Calc. *pratiśêddâras.* — $4^{a.}$ lies: *bakśyâir.* Calc. *bakśyabôǵyâiḥ.* — $7^{a.}$ Calc. *sarvakâmêśu samânîtêśu tâv ubâu.* — $9^{b.}$ Der Schol. erklärt: *vêśaṅ śriṅgâram âďâya | sâkśiptam âkśêpo manôvâikalpaṅ têna saha yaťâ syât |.*

Ślôka 10—20. — $11^{a.}$ Calc. *tâu tu.* — $12^{b.}$ Calc. *subrûm.* — $14^{b.}$ Calc. *bhrukuṭîkṛtâu.* — $16^{b.}$ lies *nâi 'śâ.* Calc. *tatas tâu.* — $17^{b.}$ *saṅgṛhîtâv.* — $18^{a.}$ Calc. *tasyâṅ tâu kâmamôhitâu.* — $19^{a.}$ Calc. *gadâbihatâu.*

Ślôka 20 ff. — 20. Calc. *sa ća dâityagaṇas taťâ | pâtâlam agamat sarvô viśâdabayakampitaḥ.* — $21^{a.}$ Calc. *sahadêvâir.* $21^{b.}$ Calc. *pûǵayaṅś-ća.* — $22^{b.}$ und $23^{a.}$ fehlen in ed. Calc. In $23^{a.}$ lies *subrum.* $23^{b.}$ Calc. *varaṅ ditsuḥ.* — $24^{b.}$ Der Schol. erklärt: *têǵasâ arkavat paradṛśṭyadibûva-katvât sudṛśṭâṅ samyagdṛśṭâṅ na kariśyati kaśćit |.*

A. W. Schade's Buchdruckerei (L. Schade) in Berlin, Stallschreiberstr. 47.